T0031656

Matemáticas a lo grande

Matemáticas a lo grande

David Macaulay

DK

Edición sénior Jenny Sich
Edición sénior de arte Stefan Podhorodecki
Edición Michelle Crane, Sam Kennedy, Rona Skene
Diseño Kit Lane
Diseño de cubierta sénior Suhita Dharamjit
Diseño de maquetación Rakesh Kumar
Coordinación de cubierta sénior Priyanka Sharma-Saddi
Dirección de desarrollo de diseño de cubierta
Sophia MTT
Edición de producción Gillian Reid
Control de producción Sian Cheung
Edición ejecutiva Francesca Baines
Edición ejecutiva de arte Philip Letsu
Dirección editorial Andrew Macintyre
Dirección de arte Karen Self
Subdirección de publicaciones Liz Wheeler
Dirección de publicaciones Jonathan Metcalf

Texto de Rona Skene
Consultoría Branka Surla

De la edición española:
Coordinación editorial Cristina Sánchez Bustamante
Asistencia editorial y producción Malwina Zagawa

Servicios editoriales Tinta Simpàtica
Traducción Núria Parés Sellarès

Se agradece a Elizabeth Wise por el índice; Hazel Beynon por
la revisión; Carron Brown, Elizabeth Davey, Ashwin Khurana
y Vicky Richards por la edición y textos adicionales.

Publicado originalmente en Gran Bretaña en 2022
por Dorling Kindersley Limited
DK, One Embassy Gardens, 8 Viaduct Gardens,
Londres, SW11 7BW
Parte de Penguin Random House

Copyright de las ilustraciones © 2022 David Macaulay
Copyright del texto y el diseño © 2022 Dorling Kindersley Limited

Título original: *Mammoth Maths*
Primera edición: 2022

Reservados todos los derechos.
Queda prohibida, salvo excepción prevista en la ley, cualquier
forma de reproducción, distribución, comunicación pública y
transformación de esta obra sin la autorización escrita de
los titulares de la propiedad intelectual.

ISBN: 978-0-7440-6456-8

Impreso y encuadernado en China

Para mentes curiosas

www.dkespañol.com

MIXTO
Papel | Apoyando la
selvicultura responsable
FSC™ C018179

Este libro se ha impreso con papel
certificado por el Forest Stewardship
Council ™ como parte del compromiso
de DK por un futuro sostenible.
Para más información, visita
www.dk.com/our-green-pledge

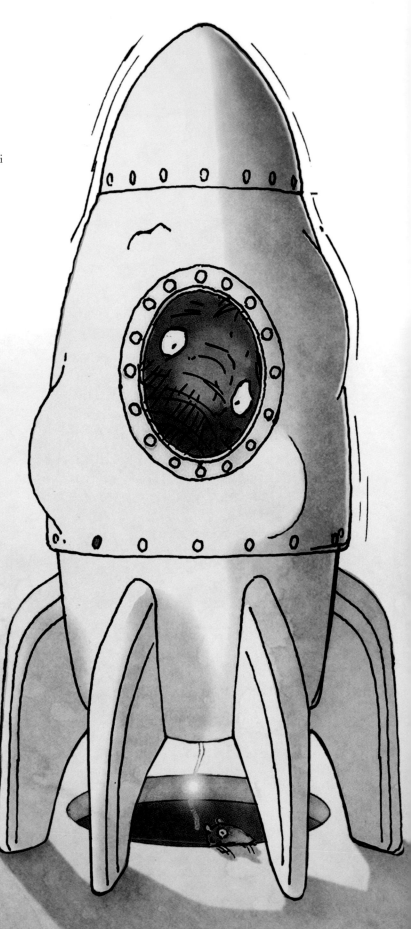

Contenidos

¡A contar!

Recuento para llevar la cuenta

Contar con los dedos de las manos, de los pies u otras partes del cuerpo está bien, siempre que tengas una memoria lo bastante buena como para recordar lo que has contado. Pero es mucho mejor llevar un registro escrito. El recuento consiste en hacer una marca para cada cosa que estás contando, como cada vez que sale el sol o cuántos mamuts hay en la manada.

¡Qué recuento!

Si cuentas una manada a toda prisa, la forma más sencilla es hacer una línea para cada mamut. Pero las marcas pronto se acumulan y es difícil sumarlas. ¡Imagínate cuánto tiempo te llevaría contar todas las marcas para llegar a 100! Es más rápido hacer grupos de marcas y después contar los grupos.

Haz tu marca
Cada línea vertical es un mamut. La musaraña hace una línea por cada mamut que pasa.

Sistemas de recuento fácil

Las marcas de recuento siguen siendo útiles aún hoy, especialmente para contar cosas que se mueven con rapidez, como el tráfico. Agrupando las marcas se pueden contar grupos en lugar de marcas individuales, y es más fácil y rápido. Hay distintas formas de hacer un recuento: todos estos ejemplos muestran grupos de cinco marcas. El primero hace una forma simple de «rejilla». El segundo se basa en un carácter chino. El último método crea un cuadrado con una línea diagonal que lo atraviesa.

Símbolo chino que significa «verdadero» o «correcto».

Rejillas rectas
Para facilitar la suma, cada quinta marca de recuento es una diagonal que cruza las primeras cuatro. Estos grupos de marcas se llaman rejillas de cinco líneas.

Recuento provisional
Si cuentas muchos artículos, ¡tendrás muchas marcas! Para saber el total, suma los grupos de 5. Pero si alguien pisotea las rejillas, habrá que empezar de nuevo.

Valor posicional

Los números están formados por unos símbolos llamados dígitos: nuestro sistema numérico utiliza los dígitos del 0 al 9. Pero el valor de estos dígitos cambia. Por ejemplo, el «2» representa en el número 20 una cantidad diferente que en el 200. El valor de un dígito depende de su posición en el número. Esto se llama valor posicional.

Contar en decenas

Los mamuts y las musarañas clasifican las manzanas en conjuntos de 10. Cada vez que se llena un conjunto de 10, se mueve hacia la izquierda de la caja. Nuestro sistema de numeración funciona así también: lo llamamos sistema de base 10 o decimal. De momento se han envasado 1453 manzanas.

Centenas
Cada caja contiene 10 tubos de 10 manzanas, es decir, 100 manzanas por caja.

Millares
Un palé contiene 10 cajas y cada caja contiene 100 manzanas. De modo que el palé tiene 1000 manzanas.

Mil
Cuando hay 10 cajas llenas en las «centenas», éstas se mueven hacia la izquierda, a la pila de los «millares». En esta posición hay un palé completo, así que hay 1000 manzanas.

Cuatrocientos
Cuando las cajas de las decenas están llenas, se mueven a la pila de las centenas. Aquí hay 4 cajas llenas, así que son 4 grupos de 100, o 400 manzanas.

¡Guarda ese espacio!

Para que el sistema de valor posicional funcione, debe haber una forma de mostrar cuándo un lugar está vacío. Este es el trabajo especial que tiene encomendado el cero (ver pp. 16-17). En el siguiente ejemplo, no hay centenas en la columna de las centenas. Pero sin cero para mantener el lugar, tendríamos 176, un número muy distinto.

Millares	Centenas	Decenas	Unidades
1	0	7	6

Decenas
En una caja hay espacio para 10 tubos de 10 manzanas. Al llenarse, la caja se mueve hacia la izquierda a la pila de las centenas.

Unidades
Cuando haya 10 manzanas, el tubo, se moverá hacia la izquierda a la caja de las decenas.

Cinco decenas
Otro mamut alinea los tubos llenos en una caja. De momento, hay 5 tubos llenos en la caja, lo que significa que hay 5 grupos de 10, o 50 manzanas, en la caja.

Tres unidades
El mamut pone manzanas individuales en un tubo. Hay 3 manzanas en el tubo, así que la musaraña escribe un «3» en el cartel.

Cero

Todo el mundo sabe que «cero» significa «nada». Pero el cero no es simplemente nada, es un héroe matemático con algunas funciones muy importantes. Durante miles de años, hubo que hacer matemáticas sin usar el cero; ni siquiera se consideraba un número por derecho propio. Actualmente, es difícil imaginar la vida sin él, ¡las cosas serían muy confusas!

Un número muy trabajador

Las matemáticas modernas no podrían existir sin el cero: es esencial en el método de valor posicional que sustenta nuestro sistema numérico. Pero la vida cotidiana también sería más difícil sin el cero. Lo necesitamos para decir la hora, tomarnos la temperatura o anotar los tantos en una competición deportiva. Aquí, los mamuts muestran algunas de las cosas más útiles que hace el cero.

Nada en absoluto

Cero a menudo significa «nada» o «vacío», pero no puedes contar hasta cero, no puedes contar algo que no existe. Mira los dibujos de arriba. No dirías que no hay mamuts en el dibujo inferior, a menos que ya hayas visto el dibujo de encima.

Calcular con el cero

El cero es el único número de la recta numérica que no es ni positivo ni negativo, ni par ni impar. Es un número que ha desconcertado a los matemáticos porque no funciona de la misma manera que otros números. Así, por ejemplo, puedes sumar, restar y multiplicar con cero, pero no puedes dividir por cero.

$$8 + 0 = 8$$

$$8 - 0 = 8$$

$$8 \times 0 = 0$$

$$8 \div 0 = ????$$

Esta operación no tiene ninguna respuesta con sentido.

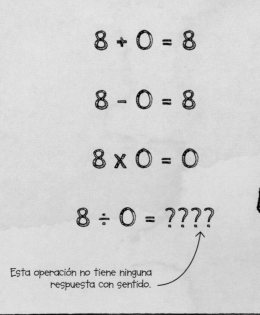

Lenguaje digital

Los ordenadores utilizan el cero para comunicarse. El código binario es el sistema que usamos para dar órdenes a los ordenadores: las instrucciones se traducen en secuencias compuestas solo por 1 y 0.

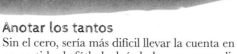

Anotar los tantos

Sin el cero, sería más difícil llevar la cuenta en un partido de fútbol: el símbolo «cero» nos dice que el equipo azul no ha marcado ningún gol.

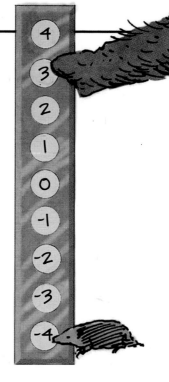

Un número real

El cero es un número con su propio lugar en la recta numérica, allí donde está el punto que separa los números negativos de los positivos. En un ascensor, «0» se puede usar para la planta baja: los números positivos son las plantas que están por encima del suelo y los números negativos son las que están por debajo.

Tomar medidas

Cuando medimos cosas, el cero es una cantidad fija con su propio valor. El termómetro indica 0 °C, pero eso no significa que no haya temperatura: el 0 describe un valor en la escala.

Sin el cero ¡no podríamos distinguir el 21 y el 201!

Mostrar el valor posicional

El cero es esencial en nuestro sistema numérico. El valor de cada dígito en un número depende de su posición (ver pp. 14-15). El cero «ocupa el lugar» de un valor cuando no hay otro dígito para ir en esa posición.

Números negativos

Cualquier número mayor que cero es un número positivo. Si cuentas hacia atrás desde cero, encuentras los números negativos, es decir, los números que son menores que cero. Se indican poniendo delante un signo negativo (-).

Una puerta en cada piso

Las musarañas han construido un complejo de viviendas de varios niveles. Cada madriguera está en un piso diferente. A los que están por encima del nivel del suelo (que está marcado con un «0») se les asignan números de madriguera positivos. Los que están por debajo del nivel del suelo tienen números negativos en el felpudo.

Cero en el medio
El cero (0) no es positivo ni negativo. Es el número que separa los números positivos y negativos.

Contar hacia atrás
Los números negativos se cuentan hacia atrás desde cero. Cuanto más lejos esté de cero, menor será el número.

Cada vez más bajo
−4 es menor que −3, porque está más alejado de 0.

Negativos en una recta numérica

Si simplificamos las madrigueras en varios niveles de las musarañas, podemos hacer una recta numérica que nos ayude a sumar y restar números positivos y negativos. Si ponemos el número negativo entre paréntesis es más fácil ver su símbolo negativo. Para más información sobre sumas y restas, ver pp. 30-33.

Sumar un número positivo

Cuando sumas un número positivo a cualquier número, te mueves hacia la derecha en la recta numérica.

$$(-1) + 2 = 1$$

2 espacios a la derecha

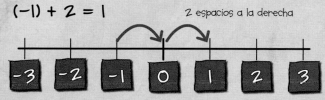

Restar un número positivo

Cuando restas un número positivo de otro número, te mueves hacia la izquierda en la recta numérica.

$$(-1) - 2 = (-3)$$

2 espacios a la izquierda

Sumar un número negativo

Cuando sumas un número negativo, es como si estuvieras restando un número positivo: te mueves hacia la izquierda.

$$2 + (-3) = -1$$

3 espacios a la izquierda

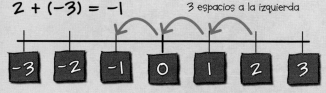

Restar un número negativo

Cuando restas un número negativo, es como si estuvieras sumando un número positivo: te mueves hacia la derecha.

$$(-1) - (-3) = 2$$

3 espacios a la derecha

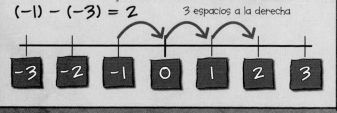

Contar hacia delante

Los números positivos se cuentan hacia delante desde cero. Cuanto más lejos esté de cero, mayor será el número.

Cada escalón representa un número entero

Hacia delante y hacia atrás

La musaraña puede usar los escalones como una recta numérica. Para contar adelante desde cero, la musaraña salta hacia la derecha y sube los escalones. Para contar atrás desde cero, salta hacia la izquierda, bajando los escalones.

Infinito

¿Cuál es el número más grande? Piensa en el número más alto que se te ocurra... y súmale 1. Luego súmale otro 1. Hazlo otra vez y obtendrás un número aún más grande. De hecho, no se puede encontrar el número más grande de todos, porque no hay límite de lo grande (o pequeño) que puede ser un número. Los números, en matemáticas, son infinitos.

Símbolo interminable

Este es el símbolo del infinito: parece un 8 horizontal. Es el símbolo perfecto para ello porque, igual que el infinito, no tiene ni principio ni fin.

Los cálculos que incluyen el infinito no tienen los resultados que podrías esperar. Si restas 1 de infinito... ¡sigues teniendo infinito! Esto se debe a que el infinito en realidad no es un número, sino una idea.

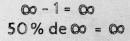

$$\infty - 1 = \infty$$
$$50\% \text{ de } \infty = \infty$$

Alucinantemente grande
Las musarañas colocan cartas con dígitos para intentar construir un número interminable. ¡El número se ha vuelto tan largo que no se ve dónde comienza!

Una tarea imposible

Estas obstinadas musarañas se han propuesto, con la ayuda de los mamuts, crear el número más largo del mundo. Pero por mucho que lo intenten, nunca lo conseguirán, porque los números son infinitos. La palabra «infinito» en realidad no significa «muy, muy grande», ¡significa «sin fin»!

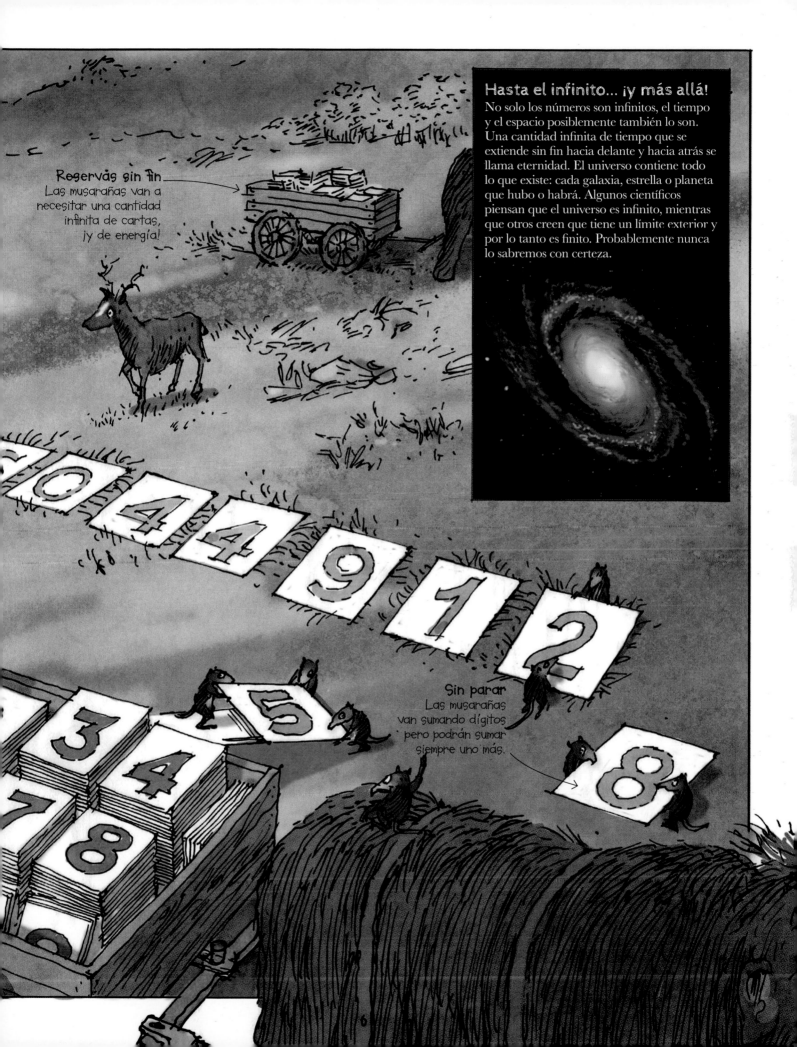

Reservas sin fin
Las musarañas van a necesitar una cantidad infinita de cartas, ¡y de energía!

Hasta el infinito... ¡y más allá!

No solo los números son infinitos, el tiempo y el espacio posiblemente también lo son. Una cantidad infinita de tiempo que se extiende sin fin hacia delante y hacia atrás se llama eternidad. El universo contiene todo lo que existe: cada galaxia, estrella o planeta que hubo o habrá. Algunos científicos piensan que el universo es infinito, mientras que otros creen que tiene un límite exterior y por lo tanto es finito. Probablemente nunca lo sabremos con certeza.

Sin parar
Las musarañas van sumando dígitos pero podrán sumar siempre uno más.

Manejar los números

Ordenar números

Si quieres poner números en orden, primero tienes que compararlos. Comparar un número con otro te indica si es mayor, menor o igual que el otro. Para coronar al ganador de este concurso de talentos tan disputado, los jueces deben comparar muy bien las puntuaciones.

¡Recuento de votos!

Se han contado los votos telefónicos y han salido los resultados. Al comparar los números, se pueden ordenar las puntuaciones de mayor a menor en el marcador. Gana el artista con más votos.

Muy rezagado
11 256 es menor que 27 002 (o, si usamos símbolos, 11 256 < 27 002).

¿Digna ganadora?
La musaraña ha conseguido más votos que las que han quedado en segundo lugar: 27 002 > 22 405.

Gran pirueta
Esta maravillosa pirueta no parece haber impresionado al público.

Musaraña forzuda
¡Este concursante, pequeño pero fuerte, ha causado gran impresión y ha logrado la victoria!

Símbolos

Podemos usar símbolos para mostrar cuándo un número es más grande o más pequeño que otros. El extremo ancho del símbolo siempre apunta hacia el número mayor. Dos líneas paralelas significan que dos números son iguales.

Menor que
Este símbolo significa «menor que». 10 < 12 significa que «10 es menor que 12».

Mayor que
Este símbolo significa «mayor que». 12 > 10 significa que «12 es mayor que 10».

Igual que
Los números separados por este símbolo tienen el mismo valor.

Dígito más importante

27002

Segundo dígito importante

22405

22405

11256

Comparar a los concursantes
Para poner los números en orden, comparamos su dígito más importante, el que tiene el valor posicional más alto. Si son iguales, seguimos comparando los dígitos de izquierda a derecha.

22405

Espectáculo giratorio
A algunas musarañas les ha gustado esta actuación, pero no lo suficiente como para hacerla ganar.

Empate en segundo lugar
El mago y el giraplatos han recibido exactamente el mismo número de votos. Por lo tanto, decimos que estos números son iguales (22405 = 22405).

22405

Mamut mágico
Lamentablemente, los trucos del mago no han tenido éxito.

Estimar

Las matemáticas casi siempre tratan de obtener la respuesta correcta, pero a veces puede ser útil hacer una estimación o una conjetura razonable, especialmente cuando se trata de números muy grandes o tienes muchos objetos que tardarías demasiado en contar. Las estimaciones también pueden ayudar al verificar los cálculos, para comprobar que la respuesta obtenida está en un rango similar a tu estimación aproximada.

Multitud difícil
Hay demasiadas musarañas juntas y no es fácil contarlas.

Cuenta un cuadrado
Elige un cuadrado de tu cuadrícula y cuenta las musarañas que contiene.

Mar de musarañas
Es difícil contar una multitud de musarañas que no paran de moverse. Por suerte, hay maneras de hacer una conjetura rápida y razonable. El número real de musarañas es 110, y ahora veremos cómo podemos aproximarnos a esta cifra utilizando dos métodos diferentes.

Con una cuadrícula
Puedes estimar el total dividiendo el grupo en cuadrados similares. En el cuadrado resaltado hay 8 musarañas. Multiplica 8 por 15 (el número de cuadrados) y obtendrás una estimación de 120 musarañas.

Con filas

Otro método es contar las musarañas de una fila y luego multiplicarlas por el número de filas. Hay 20 musarañas en la primera fila, y 5 filas bastante desiguales. Con este método, la estimación es de 100 musarañas.

Compras inteligentes

Al comprar, la estimación es una forma rápida de ver si te estás ajustando a tu presupuesto. Con estos tres elementos, puedes hacer el cálculo de forma más fácil pensando que las palomitas cuestan unos 2 €, la bebida alrededor de 1 € y el helado más o menos 1,50 €. La estimación del coste total de este tentempié es de 4,50 €. El coste real sería de 4,53 €, así que es una estimación bastante acertada.

2,19€

0,89€

1,45€

Redondear

Redondear un número es cambiarlo por otro de un valor cercano, con el que es más fácil calcular. Redondear a la decena más cercana hace que sea mucho más fácil sumar, restar o multiplicar números mentalmente de forma rápida y es muy útil para hacer una estimación aproximada (ver pp. 26 y 27).

¿Arriba o abajo?

¿Cómo sabes si hay que redondear hacia arriba o hacia abajo? ¡Emplea la montaña rusa para recordar la regla del redondeo! Para dígitos menores de 5, redondea hacia abajo. Para 5 y más, redondea hacia arriba.

Redondear hacia abajo

Si el último dígito de tu número es 4 o menos, redondeas hacia abajo. Así, 73 se redondea a 70, no a 80. Las musarañas de esta parte de la montaña rusa vuelven de nuevo hacia atrás.

¿Hacia dónde?

Este mamut confuso quiere redondear 65 a la decena más cercana. ¿Debe redondear a 70 o a 60? La regla dice que 5 se redondea hacia arriba, de modo que 65 se redondea a 70.

65?

Atrás te vas
Los números 1, 2, 3 y 4 no pasan de la cima. Se deslizan hacia atrás hasta la decena anterior.

Redondear hacia arriba
Si el último dígito de tu número es 5 o más, redondea hacia arriba. Por ejemplo, 77 se redondea a 80, no a 70. Las musarañas en esta parte de la montaña rusa van disparadas hacia delante. ¡Abróchate el cinturón!

En racha
Los números 5, 6, 7, 8 y 9 avanzan hasta la decena siguiente.

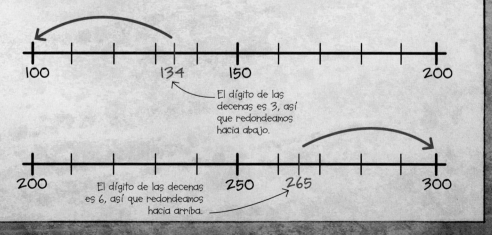

Redondear centenas
Para redondear a la centena, se aplica la misma regla. Al redondear a la decena más cercana, miras el dígito de las unidades. Al redondear a la centena más cercana, debes fijarte en el dígito de las decenas. También puedes usar la regla de redondeo para redondear fracciones y decimales.

100   134   150   200

El dígito de las decenas es 3, así que redondeamos hacia abajo.

200   250   265   300

El dígito de las decenas es 6, así que redondeamos hacia arriba.

Sumar

Juntar dos o más cantidades para obtener una cantidad mayor es sumarlas. Tanto si sumas números muy grandes como cantidades muy pequeñas, hay dos formas básicas de pensar en la suma, tal como los mamuts están descubriendo en su día en la feria.

Diversión en la feria

No te lo pierdas, ¡la feria ha llegado a la ciudad! En el tiro al coco, las musarañas están dando los toques finales a su puesto, agregando los últimos cocos a los soportes. En otro puesto, dos mamuts han ganado unos globos de colores, pero ¿cuántos tienen en total?

Contar hacia delante

Una forma de sumar es contar hacia delante. Comienzas con un número y luego cuentas hacia delante el número de puestos que necesitas agregar. Para llenar los soportes de coco vacíos, las musarañas comienzan con el número que ya está en el soporte (6) y agregan 3 más. Esto es lo que se conoce como contar hacia delante.

Número más grande
Empezar con el número más grande y contar a partir de ahí es más rápido que empezar con un número más pequeño.

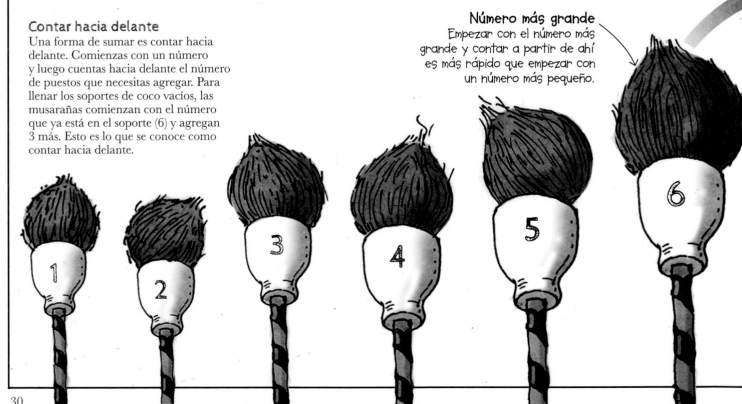

Contarlo todo

La otra forma de sumar es juntar las cantidades en un grupo y luego contarlas todas. Si juntan los globos morados y amarillos, tienen un grupo para que el mamut cuente.

¡Arriba, arriba!
Este mamut volador tiene un grupo de 9 globos.

Escribir una suma

A menudo, sumar números es una habilidad mental: podemos calcular la respuesta mirando los números. Pero a veces necesitamos un sistema escrito para poder encontrar el total. Expresamos la suma con números utilizando el símbolo «+» o «más» para mostrar cuándo se suman los números. La suma funciona en cualquier orden. Si intercambiamos los números de lugar, el total seguirá siendo el mismo. Por ejemplo, tanto 3 + 6 como 6 + 3 son igual a 9.

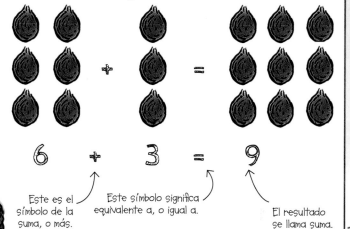

$$6 \quad + \quad 3 \quad = \quad 9$$

Este es el símbolo de la suma, o más.

Este símbolo significa equivalente a, o igual a.

El resultado se llama suma.

El resultado
Si llenan 3 soportes más significa que las musarañas tienen 9 cocos en total.

+1

+1

+1

Bien alineados
Es más fácil contar hacia atrás cuando los números están puestos en una línea.

Encontrar la diferencia
El mamut ha empezado con 9 piedras y ha lanzado 3. Quedan 6 piedras en la caja, así que la diferencia entre 9 y 3 es 6.

Restar

Sustraer un número a otro para saber cuál queda se llama restar. Es lo inverso, o lo contrario, de la suma. Puedes pensar en la resta como contar hacia atrás, o como encontrar la diferencia entre dos números.

De derecha a izquierda

Para restar, las musarañas cuentan hacia atrás a lo largo de la línea de derecha a izquierda.

Escribir una resta

Expresamos una resta utilizando el símbolo «-», o «menos». El signo «-» significa restar, y lo usamos para mostrar cuando se sustrae o resta un número a otro. A diferencia de la suma, no puedes cambiar el orden de los números que restas sin obtener un resultado diferente: ¡9-2 no es lo mismo que 2-9!

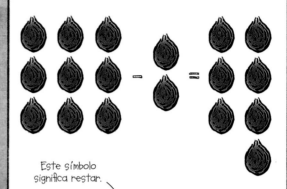

Este símbolo significa restar.

$$9 - 2 = 7$$

Contar hacia atrás

La musaraña cuenta 2 posiciones hacia atrás desde 9 para encontrar la respuesta.

Restar posiciones

¡Cuidado con los cocos que caen! Este mamut prueba suerte en el tiro al coco. 2 de los 9 cocos han sido derribados. Para calcular cuántos cocos quedan en pie, las musarañas comienzan desde el número inicial y cuentan hacia atrás 2 lugares. ¿Podrá derribar más cocos el mamut?

Grupo de diez

Las 10 musarañas flotan juntas en un grupo. 10+0 es un vínculo numérico de 10, y también lo es 0+10.

10

9 y 1

Una se aleja

Quedan 9 musarañas cuando una de ellas se aleja flotando. Esto nos da dos vínculos numéricos de 10: 9+1 y 1+9.

Vínculos numéricos

Los pares de números que se pueden sumar para formar un número mayor forman vínculos numéricos. Estos cálculos simples también se conocen como pares de suma u operaciones de suma. Puedes aprenderlos para cualquier número, pero saber los vínculos numéricos de 10 es muy útil. Cuando los sepas, podrás descifrar fácilmente los vínculos numéricos con múltiplos de 10 o de 100.

Parejas en la piscina

Es un día caluroso, y un grupo de 10 musarañas va a la piscina para divertirse con unos flotadores. Mientras flotan juntas, una de las musarañas se aleja del grupo. Las musarañas han formado un par de suma, o vínculo numérico, de 10. Deciden reorganizarse en dos grupos de tantas formas diferentes como pueden, haciendo que todos los vínculos numéricos sean 10.

Compañía de dos
Otra musaraña se une
a la primera aventurera.
Ahora el grupo muestra
los pares de números
2 + 8 y 8 + 2.

8 y 2

7 y 3

Tres se separan
El grupo se divide
en 7 + 3 o, visto de
otro modo, 3 + 7.

Seis y cuatro
Con el grupo ahora dividido en
4 y 6, o 6 y 4, las musarañas
han mostrado todos los vínculos
numéricos hasta el 10.

Cinco y cinco
Dos grupos iguales de
musarañas muestran
que 5 + 5 son 10.

5 y 5

4 y 6

¡Ahora inviértelo!
Puedes usar vínculos numéricos
para restar y sumar. Por ejemplo,
saber que 6 y 4 son un par de
suma significa que también sabes
que 10 − 6 = 4 y que 10 − 4 = 6.

Multiplicar

En realidad, multiplicar es solo una forma rápida de sumar el mismo número una y otra vez. Cuando escribimos «5 x 3», significa exactamente lo mismo que «5 + 5 + 5», o «tres grupos de 5». El símbolo de la cruz (x) significa «multiplicar por», o «cuántas veces».

Producto
El resultado de una multiplicación se llama producto.

$$5 \times 3 = 15$$

Multiplicación de mamuts

Durante su espectáculo de natación artística, un equipo de 15 mamuts se organizan en grupos más pequeños, primero de cinco, luego de tres. Esto muestra perfectamente la regla de la multiplicación: no importa en qué sentido multipliques dos números, el resultado será el mismo.

Tres grupos de cinco

Esta formación (en matemáticas se llama serie) tiene 3 filas, cada una con 5 mamuts. Los números 3 y 5 forman un par de números que, cuando se multiplican entre sí, siempre dan 15.

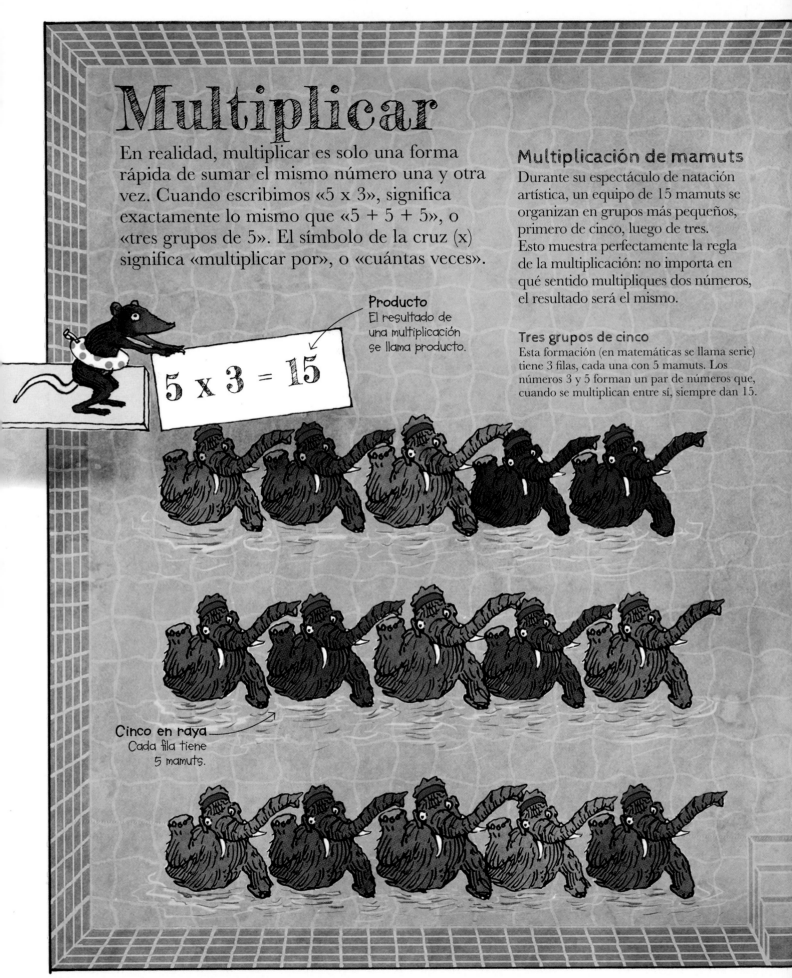

Cinco en raya
Cada fila tiene 5 mamuts.

Multiplicación a escala

Otra forma de multiplicar es hacerlo a escala: cambiar el tamaño de algo por una cierta cantidad, llamada factor de escala (ver pp. 54 y 55). Este edificio de 10 m de alto ha sido escalado en altura, primero por un factor de 2, luego por un factor de 4.

Factor de escala 2
Con 20 m de altura, este edificio es el doble de alto que el primero. Esta operación se escribe: 10 x 2 = 20.

Factor de escala 4
Este edificio es 4 veces más alto que el primero: 10 x 4 = 40.

10 m

20 m

40 m

Tres en raya
Ahora cada fila tiene solo 3 mamuts, pero el número de filas ha aumentado a 5.

$$3 \times 5 = 15$$

Funciona igual
El 3 y el 5 pueden ir en cualquier orden; el producto seguirá siendo 15.

Cinco grupos de tres
Esta vez, el equipo se ha organizado en una serie de 5 filas de 3 mamuts. Así vemos que 5 grupos de 3 hacen 15 mamuts, ¡exactamente el mismo resultado que 3 grupos de 5!

Dividir

Dividir es partir un número o una cantidad en cantidades iguales más pequeñas, por medio del proceso de la división. También es una forma de averiguar cuántas veces cabe un número dentro de otro. La división es lo opuesto, o inverso, a la multiplicación.

$$15 \div 3 = 5$$

Hacer grupos de tres

Cuando los 15 mamuts nadadores se dividen en grupos de 3, forman 5 grupos. Si se dividieran en grupos de 5, habría 3 grupos. Los números 5 y 3 forman un par: si divides 15 entre uno de ellos, el resultado es el otro número.

¿Cuántas veces?

El inverso de esta operación es $5 \times 3 = 15$.

Grupos de tres

Los 15 miembros del equipo se dividen exactamente en 5 grupos de 3, sin que sobren mamuts.

División de precisión

En la competición de natación artística, el equipo de 15 mamuts ha llegado a la final. Para el primer espectáculo, se dividen en grupos de 3, ¡no hay problema! Luego, intentan formar equipos de 7, pero eso ya es un poco más complicado.

Dividir en equipos de siete

Algunos números no se pueden dividir en grupos iguales. Cuando el equipo de 15 se divide en grupos de 7, no funciona tan bien como antes. Pueden hacer 2 grupos de 7, pero sobra un mamut.

Resto uno

Se omite un mamut porque no se puede dividir 15 exactamente entre 7. El mamut sobrante se llama resto.

La «r» significa «resto»

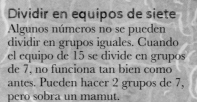

$$15 \div 7 = 2 \; r1$$

Escribir una división

Las oraciones numéricas de división usan el símbolo «÷», que significa «dividir por». Cada número de la oración también tiene su propio nombre.

Divisor
En cuántas partes lo dividimos.

Cociente
Cuántos hay en cada parte.

$$12 \div 4 = 3$$

Dividendo
El número que dividimos.

En una fracción, la línea entre los dos números se llama línea divisoria. Nos indica que el número de arriba se divide por el número de abajo.

$$1/2$$

Línea divisoria
Si escribes 1/2, es lo mismo que si escribes 1 ÷ 2.

Funciona en los dos sentidos

Dividir 15 entre 7 da como resultado 2 grupos y 1 resto. Si dividimos 15 por 2, obtendremos 7 grupos, ¡pero aún queda 1 resto!

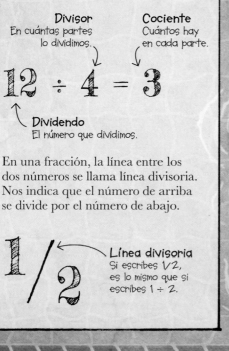

1 mamut = ?

Cuestión de equilibrio

Una ecuación debe ser equilibrada:
ambos lados deben tener el mismo
valor para que el enunciado sea
correcto. El balancín del mamut es
como una ecuación. El mamut se
sienta en un lado y se le agregan
pesos al otro. El balancín solo se
equilibra si los dos lados pesan
exactamente lo mismo.

Ecuaciones

Una ecuación es una especie de oración
numérica (enunciado matemático) que siempre
contiene un signo igual (=). Cuando ves este
signo, sabes que lo que está en un lado tiene
exactamente el mismo valor que lo que está en
el otro: significa «es lo mismo que». Puedes
escribir ecuaciones con números o usar símbolos
para representar números. Esto se llama álgebra.

1 mamut

Muy ligero
Con un peso de 1 tonelada en este lado, el balancín no está nivelado: un lado soporta mucho más peso que el otro.

Desequilibrado
Hay un mamut en un lado del balancín y un peso de 1 tonelada en el otro. El balancín está desequilibrado, lo que significa que 1 mamut no equivale a 1 tonelada.

Equilibrado
Con cuatro pesos apilados en el lado opuesto al mamut, el balancín se equilibra. Ahora que sabemos que 1 mamut equivale a 4 toneladas, podemos escribir la ecuación: 1 mamut = 4 toneladas.

Justo
Cuando se agregan 4 toneladas, el balancín queda nivelado: los dos lados están equilibrados.

Signo igual
Cuando veas este signo, sabrás que los dos lados han de estar equilibrados.

= 4 toneladas

Equilibrar ecuaciones
En cualquier ecuación, los dos lados deben permanecer iguales. Esto te puede servir para averiguar valores que aún no conoces. En matemáticas, a menudo usamos un símbolo, como una letra, para indicar el valor que no conocemos; esto hace que sea más fácil trabajar con el valor desconocido.

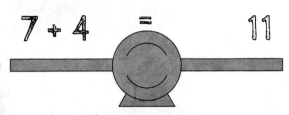

Ecuación numérica
En esta ecuación, conocemos todos los valores. A un lado del signo igual hay 7 + 4 y al otro, 11. La ecuación se equilibra porque la suma de 7 y 4 es 11.

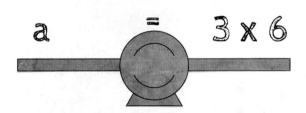

Ecuación con letras
Esta ecuación tiene un valor que aún no conocemos. La letra «a» representa la cantidad desconocida, también llamada variable. Para encontrar lo que significa «a», solo tenemos que multiplicar 3 x 6. La cantidad desconocida debe ser 18, para que la ecuación quede equilibrada.

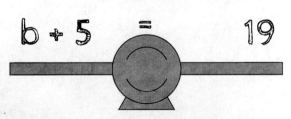

Reorganizar ecuaciones
Para saber el valor desconocido, podemos reorganizar la ecuación. Siempre que hagamos lo mismo en cada lado, la ecuación seguirá estando equilibrada. En este ejemplo, podemos restar 5 de cada lado para obtener b = 19 - 5 y resolver la operación con una simple resta para encontrar que b = 14.

Fracciones

Los números no siempre permanecen completos, se pueden dividir en partes más pequeñas. Estas partes más pequeñas de los números enteros se llaman fracciones. Son muy útiles cuando hay que dividir algo en partes iguales, tal como descubre el mamut al preparar una tarta para compartir con sus amigos.

Partes iguales

El mamut ha horneado una deliciosa tarta. Ahora debe dividirla en ocho partes iguales para que cada musaraña tenga la misma cantidad.

Una sabrosa tarta
Para empezar, tenemos una tarta entera, recién salida del horno.

Trozos más pequeños

Cuanto más quieras dividir algo en partes iguales, más pequeño será cada trozo. Al dividir la tarta del mamut de diferentes maneras, vemos que cuanto más grande es el denominador (el número debajo de la línea divisoria), más pequeña se vuelve cada porción de la tarta.

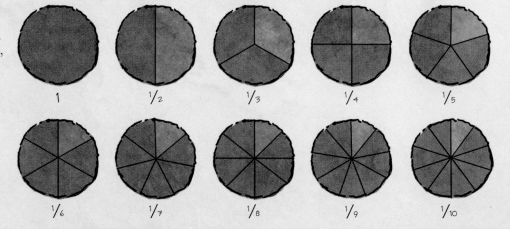

1	1/2	1/3	1/4	1/5
1/6	1/7	1/8	1/9	1/10

Partes de un grupo

Las fracciones pueden describir partes de un todo (como con la tarta), pero también podemos usarlas para describir partes de un grupo. El mamut ha horneado un grupo de cuatro sabrosos muffins. Tres de los cuatro no tienen cobertura, mientras que uno tiene glaseado de fresa. Entonces decimos que las tres cuartas partes (³⁄₄) del grupo son simples y una cuarta parte (¼) tiene glaseado.

Fracción unitaria
Una cuarta parte de los muffins tiene glaseado de fresa. Cualquier fracción que tiene el 1 en el numerador se llama fracción unitaria.

Las tres cuartas partes (³⁄₄) de los muffins no tienen cobertura.

Dos mitades
Cortar la tarta en 2 partes iguales hace 2 mitades. No hay suficientes porciones para 8 musarañas.

Cuatro cuartos
Luego, la musaraña corta la tarta en 4 partes iguales, o cuartos, pero aún no hay suficientes trozos para todas.

Ocho octavos
Finalmente, la tarta se divide en 8 partes iguales, u octavos: ¡Una porción igual para cada musaraña!

Numerador
El número de arriba en una fracción se llama numerador. Indica cuántas partes iguales tienes del entero.

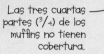

Denominador
Este es el número de debajo de la línea divisoria. El denominador indica en cuántas partes iguales se divide el entero.

45

Tipos de fracciones

Las fracciones en que el número de partes es menor que un entero se llaman fracciones propias. Cualquier fracción en que el numerador es menor que el denominador (ver p. 45) es una fracción propia. Pero a veces queremos usar fracciones para describir cantidades que suman más de un entero. Podemos escribir cantidades como esta como fracciones impropias o como números mixtos.

Fiesta de pasteles

El mamut pastelero está sirviendo pastel de hierbas y juncos a un grupo de jóvenes mamuts. Cada uno recibe medio pastel. Para describir la cantidad de pastel que hay en total, podemos usar un número entero junto con una fracción propia. Esto se conoce como un número mixto. O podemos usar una fracción impropia, donde el numerador es mayor que el denominador.

Fracciones equivalentes

Una misma fracción se puede escribir de varias formas. Se conocen como fracciones equivalentes. Esto significa que las fracciones son iguales aunque se escriban de modo diferente. En el siguiente ejemplo, $^4/_{12}$ se puede simplificar a $^2/_6$ y luego a $^1/_3$. Numerador y denominador se han dividido por 2 y luego por 2 otra vez.

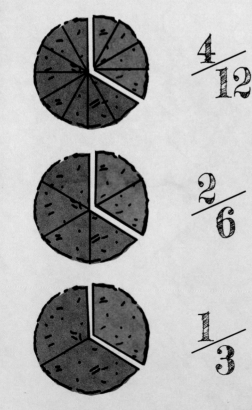

$$\frac{4}{12}$$

$$\frac{2}{6}$$

$$\frac{1}{3}$$

$$2\frac{1}{2}$$

Número mixto

El mamut saca del horno dos pasteles enteros y medio pastel. La cantidad de pastel se puede expresar como «dos enteros y una mitad» o «dos y medio». Como número mixto, lo escribimos así: 2½.

El numerador es mayor que el denominador. → $$\frac{5}{2}$$

Fracción impropia

Cuando los dos pasteles enteros se dividen en mitades, podemos ver que hay cinco partes de medio pastel. Podemos escribirlo con la fracción $^5/_2$. Esto significa que hay cinco partes iguales y cada una es la mitad de un entero.

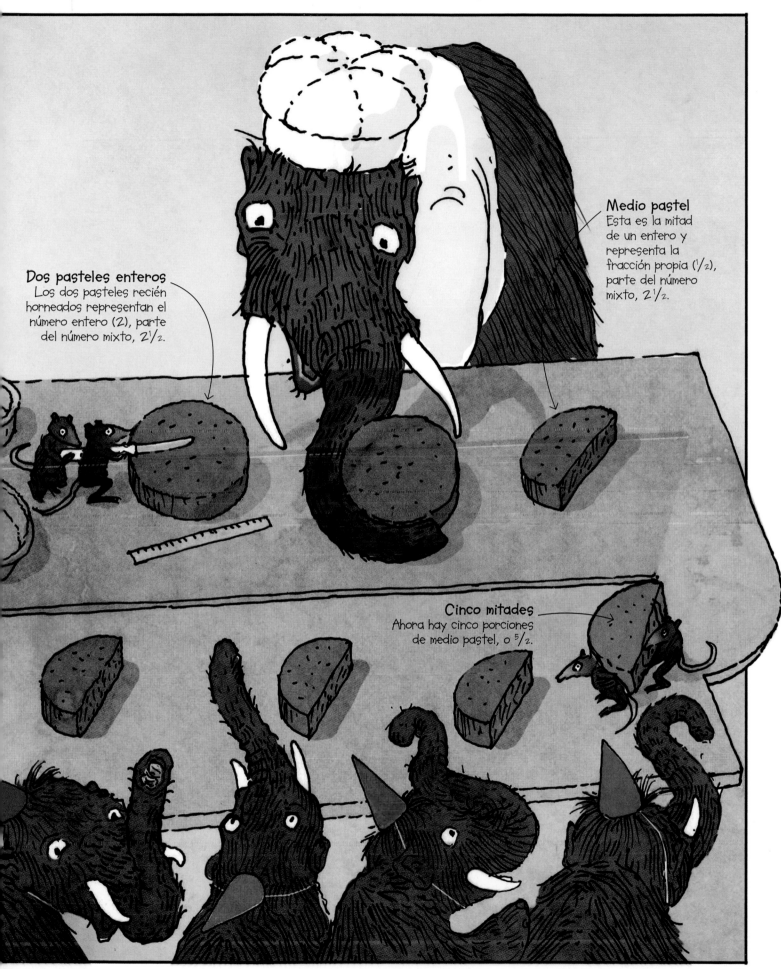

Dos pasteles enteros
Los dos pasteles recién horneados representan el número entero (2), parte del número mixto, 2½.

Medio pastel
Esta es la mitad de un entero y representa la fracción propia (½), parte del número mixto, 2½.

Cinco mitades
Ahora hay cinco porciones de medio pastel, o 5/2.

Decimales

Los decimales son una forma de escribir partes (o fracciones) de números. Podemos usarlos para mostrar valores entre 0 y 1, o entre dos números enteros. Por ejemplo, 5,6 está entre 5 y 6. Mayor que 5 pero menor que 6.

Leer los decimales

Cualquier número a la izquierda de una coma decimal es un número entero. Un número a la derecha de la coma decimal es menor que 1, y se llama número decimal. Los dígitos decimales son más pequeños a medida que se mueven más a la derecha de la coma.

0,18

Coma decimal

La musaraña pesa 0,18 kg

Los decimales son muy útiles cuando necesitamos ser más precisos de lo que permiten los números enteros.

Calabaza diminuta

El competidor más grande ha presentado la calabaza más pequeña. ¡Mala suerte, mamut!

1,18

3,60

Comparar números

Primero comparamos los dígitos con el valor posicional más alto. El dígito más importante aquí es 1. Es más pequeño que 3 y que 9, de modo que esta es la calabaza más ligera.

Sin centésimas

Esta calabaza pesa 3 kg y 6 décimas. El 0 indica que no hay nada en la columna de las centésimas, así que podrías escribir este mismo número como 3,6.

Campeón de los pesos pesados

En un concurso para cultivar la calabaza más grande, las balanzas muestran los pesos de los tres finalistas. El peso se muestra en kilogramos enteros y partes o fracciones de kilogramo. La coma en medio de cada número es la coma decimal. Muestra qué partes del número son enteras y cuáles son fracciones.

Fracciones camufladas

Los dígitos después de la coma decimal son otra forma de mostrar fracciones. Podemos verlo si ponemos un número decimal en las columnas de valor posicional (ver pp. 14-15 para obtener más información sobre el valor posicional). Cada columna antes de la coma decimal hace que un dígito sea 10 veces más grande. Después de la coma, cada columna hace que un dígito sea 10 veces más pequeño.

Unidades 1s	Décimas $^1/_{10}$	Centésimas $^1/_{100}$	Milésimas $^1/_{1000}$
0,	8	0	0

El dígito 8 está en la columna de las décimas, así que 0,8 es lo mismo que $^8/_{10}$.

Unidades 1s	Décimas $^1/_{10}$	Centésimas $^1/_{100}$	Milésimas $^1/_{1000}$
0,	0	8	0

El 8 está en la columna de las centésimas, así que 0,08 es lo mismo que $^8/_{100}$.

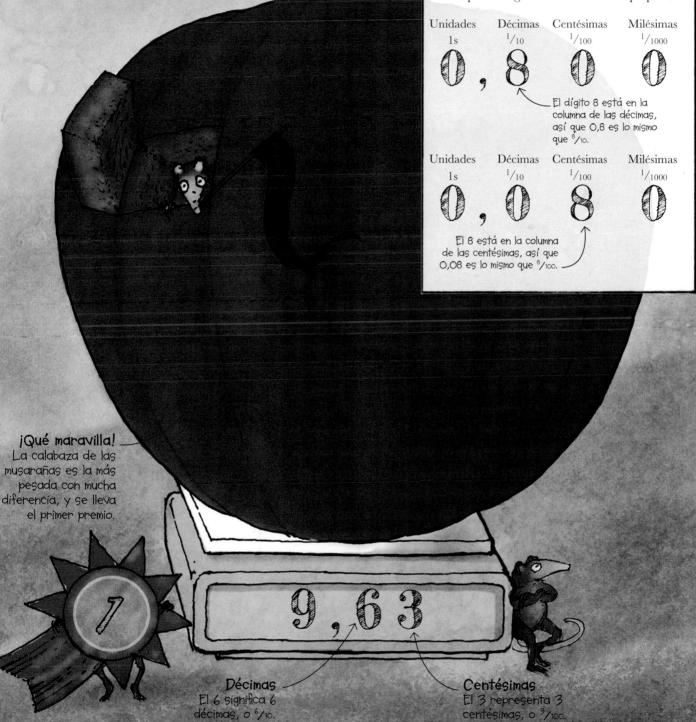

¡Qué maravilla!
La calabaza de las musarañas es la más pesada con mucha diferencia, y se lleva el primer premio.

Décimas
El 6 significa 6 décimas, o $^6/_{10}$.

Centésimas
El 3 representa 3 centésimas, o $^3/_{100}$.

Porcentajes

Por ciento significa «por cien», y eso es exactamente lo que es un porcentaje: una forma de representar una cantidad como un número de 100. Los porcentajes son una forma realmente útil de comparar diferentes cantidades. El símbolo para representar un porcentaje es «%».

Listos para el lanzamiento

Una multitud de musarañas se ha reunido para ver cómo un valiente mamut se lanza al espacio. Hay 100 musarañas espectadoras, lo que facilita ver cómo funcionan los porcentajes. Pero podemos usar porcentajes para comparar todo tipo de cantidades, como las longitudes de las tres secciones del cohete. Simplemente tenemos que dividir la longitud total en 100 partes para comparar proporciones.

50% en azul
De las 100 musarañas, 50 llevan una camiseta azul. Eso significa que el 50% del público va de color azul. 50% es lo mismo que $\frac{1}{2}$ o 0,5.

Musarañas espectadoras
Hay 100 musarañas en el público. Cada musaraña representa 1 de cada 100, o el 1%. Podemos usar porcentajes para describir la proporción de la multitud que usa camisetas de diferentes colores.

24% en amarillo
Hay 24 musarañas con camiseta amarilla, eso es el 24% del público total.

25% en verde
Las 25 musarañas en verde representan el 25% del público. 25% es lo mismo que $\frac{1}{4}$ o 0,25.

1% en púrpura
Una de cada 100 musarañas viste de color púrpura, eso es el 1%.

El morro
El cono de la punta tiene 4 m de largo, que es el 20% de la longitud total del cohete. 20% es lo mismo que $1/5$.

Calcular porcentajes
Para comparar las partes del cohete, primero necesitamos encontrar el 1% de la longitud total del cohete. Para hacerlo, simplemente divide por 100. El cohete mide 20 m de largo, así que tienes que dividir 20 por 100. Esto nos dice que el 1% de 20 m es 0,2 m.

$$20 \div 100 = 0,2$$

Ahora que sabemos que el 1% son 0,2 m, puedes calcular diferentes porcentajes. Por ejemplo, la sección media del cohete mide 8 m, pero ¿qué porcentaje representa? Para averiguarlo, divide 8 m por 0,2 m:

$$8 \div 0,2 = 40$$

20%

40%

40%

Mamut en el medio
La sección central del cohete tiene 8 m de largo. Eso representa el 40% de la longitud total del cohete. 40% es lo mismo que $2/5$.

Sección de la cola
La sección de la cola mide 8 m. Eso es el 40% de la longitud total del cohete.

20 m

18 m

16 m

14 m

12 m

10 m

8 m

6 m

4 m

2 m

Ratios

Cuando quieres comparar dos números o cantidades, la ratio es la herramienta matemática perfecta para hacerlo. Es una forma de mostrar cuánto más grande o más pequeña es una cantidad que la otra, por comparación. Por ejemplo, al mezclar colores como estos mamuts que quieren ir a la moda, puede ser útil calcular la cantidad necesaria de un ingrediente en comparación con otro.

1:1

1 por 1
Primero, las musarañas mezclan un bote de tinte azul y otro de tinte rojo. La ratio de azul y rojo es de 1 por 1. Escribimos una ratio como dos números separados por dos puntos, así: 1:1.

1:2

1 por 2
Ahora la musaraña ha añadido otro bote de rojo, de modo que la ratio de azul y rojo es de 1 por 2, o 1:2.

Hacer mezclas
Las musarañas van mezclando tinte azul y rojo en un balde hasta encontrar su púrpura ideal. Al agregar más botes de rojo para obtener el color que desean, también están cambiando la ratio de tinte azul y rojo.

1 por 3
Después de agregar un bote final de rojo, las musarañas han encontrado el púrpura perfecto. La ratio de azul y rojo es de 1 por 3, o 1:3.

1:3

La ratio correcta
Todo el mundo quiere lucir el tono de moda de esta temporada. Primero, las musarañas mezclan las cantidades correctas de tinte azul y rojo para crear el tono perfecto de púrpura. Para llenar la piscina de los mamuts necesitarán mucho más tinte, pero deben mantener la misma ratio o terminarán con el tono de púrpura equivocado para verter en la piscina.

Una piscina morada

Los mamuts y las musarañas se sumergen en la piscina púrpura y luego desfilan con su nuevo tono de moda.

Hacer más tinte

Para llenar la piscina se necesitan 10 botes de tinte azul y 30 botes de rojo. Esto es una ratio de 10:30. Si simplificamos la ratio dividiendo cada número por 10, vemos que 10:30 es lo mismo que 1:3. Por cada bote de tinte azul, se han añadido tres botes de rojo.

Un morado perfecto

El morado es el color favorito de los mamuts. Les gusta más que el azul o el rojo.

Diez botes de azul

Se necesitan más botes de tinte para llenar la piscina que el balde, pero la ratio de azul y rojo es la misma.

1:3

Proporción

La proporción es comparar una cantidad con la cantidad total de la que forma parte. Describe qué parte del todo representa una parte concreta. Así, para llenar la piscina las musarañas han usado 10 botes de tinte azul y 30 botes de tinte rojo, con un total de 40, así que 10 de 40 botes eran azules. Escribimos esto como la fracción $^{10}/_{40}$, y luego lo simplificamos para decir que $^1/_4$ del tinte de la piscina es azul. ¿Puedes calcular qué proporción era rojo?

$^1/_4$ del tinte es azul

Puedes ver la solución en la p. 160.

53

Reducir a escala

Cuando haces una fotografía, la imagen es una versión reducida de la imagen real. Es más pequeña, pero en las mismas proporciones. Digamos que este mamut mide 300 cm de altura y su foto cabe en una pantalla de 12 cm. 300 dividido por 12 es igual a 25, lo que da un factor de escala de 25. En la pantalla, cada parte de la imagen se ha reducido a $1/25$ (o una vigésima quinta parte) del tamaño real del mamut.

Escalar

Hacer algo más pequeño o más grande manteniendo todas sus partes en proporción entre sí se llama escalar. Esto significa que todas las partes se amplían o reducen en la misma cantidad. Para ampliar algo a escala, se multiplican sus medidas, como el largo y el ancho. Para reducir algo a escala, se dividen las medidas.

Ampliar a escala
La altura de la estatua es cuatro veces mayor que la de la musaraña sentada.

Factor de escala

El número por el que se ha multiplicado o dividido un objeto se conoce como factor de escala. Para encontrar el factor de escala, se miden las alturas de la musaraña y la estatua. La estatua es cuatro veces más grande que la musaraña, de modo que el factor de escala es 4.

Modelo
¡La musaraña debe estar muy quieta mientras posa para la estatua!

4

3

2

1

Estatua ampliada

El mamut está esculpiendo una estatua de una musaraña que es mucho más grande que la musaraña real. Sentada en el pedestal, la musaraña mide 25 cm de alto. El mamut está haciendo una estatua de 100 cm de altura, de modo que cada parte de la estatua de la musaraña será cuatro veces más grande que en la vida real.

Medir añadiendo
Todas las medidas de la musaraña real deben multiplicarse por 4 para mantener la proporción.

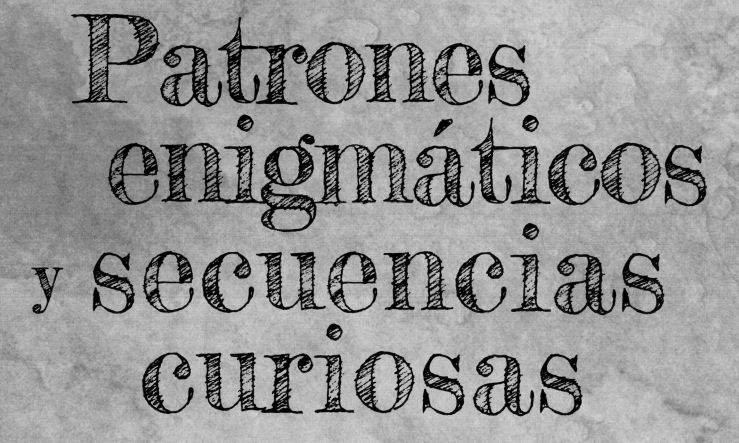

Patrones enigmáticos y secuencias curiosas

Números primos

Un número primo es un número entero mayor que 1 que no se puede dividir por ningún otro número entero excepto por sí mismo y 1. Estos números tan especiales a veces se dice que son los componentes básicos de todos los demás números. Pero ¿cómo se puede saber si un número es primo? Los mamuts han construido una máquina para averiguarlo.

1	2	3	4	5	6	7	8	9	10
11	12	13	14	15	16	17	18	19	20
21	22	23	24	25	26	27	28	29	30
31	32	33	34	35	36	37	38	39	40
41	42	43	44	45	46	47	48	49	50
51	52	53	54	55	56	57	58	59	60
61	62	63	64	65	66	67	68	69	70
71	72	73	74	75	76	77	78	79	80
81	82	83	84	85	86	87	88	89	90
91	92	93	94	95	96	97	98	99	100

No siguen una pauta
En esta tabla ves todos los números primos hasta el 100 sombreados en rosa. No siguen una pauta, sino que parece que ocurren al azar.

El primo par
El número 2 es el único número primo par. Todos los demás son impares.

¿DIVISIBLE POR 7?

NO

SÍ

7

67

2

41

P

P

Embalaje de primera
Los primos son unos números muy especiales, por eso las musarañas los envuelven muy bien.

Línea de producción de primos

Para saber si un número es primo, mira si es 2, 3, 5 o 7. Si es así, ¡directo a la pila de los primos! Si no, lo siguiente es averiguar si el número es divisible por 2, 3, 5 o 7. Un número primo es un número con solo dos factores (ver pp. 40-41), él mismo y 1. Cualquier número que se pueda dividir por 2, 3, 5 o 7 tiene más de dos factores, así que no puede ser primo.

Números cuadrados

Si multiplicas un número entero por sí mismo, el resultado es un número cuadrado. Por ejemplo, 3 multiplicado por 3 es 9, por lo que decimos que 9 es el cuadrado de 3. Los números cuadrados se llaman así porque se puede representar cada número en forma de cuadrado. Escribimos los números cuadrados usando un 2 pequeño, así: 3^2.

Huellas de patata

Las musarañas han estado cortando patatas en trozos rectangulares con una cara cuadrada en cada extremo. Los mamuts los utilizan para imprimir una secuencia de números cuadrados cada vez más grandes. Puedes saber el valor de cada uno de los números cuadrados contando las marcas estampadas en cada cuadrado.

Sello de patata
Este trozo de patata cortada tiene la forma ideal para un sello cuadrado.

$1^2 = 1$

$2^2 = 4$

$3^2 = 9$

Uno
1 multiplicado por sí mismo es 1 por eso el mamut ha estampado un cuadrado azul.

Dos por dos
El mamut estampa dos filas de dos cuadrados azules para representar 2 x 2.

Tres por tres
Tres filas de tres, o 3 x 3, hacen 9.

Raíces cuadradas

El número que multiplicas por sí mismo para encontrar un número cuadrado se conoce como la raíz de ese número cuadrado o su raíz cuadrada. Todos los números cuadrados tienen raíces cuadradas. Los números cuadrados y las raíces cuadradas son opuestos entre sí. Por ejemplo, 16 es el cuadrado de 4, de modo que 4 es la raíz cuadrada de 16. El símbolo de una raíz cuadrada es √.

Cuadrado

5 es la raíz cuadrada de 25.

5

25 es el cuadrado de 5.

25

Raíz cuadrada

Almohadilla de tinta
El mamut moja las tiras de patata en la tinta antes de usarlas para estampar la cuadrícula.

$5^2 = ?$

$4^2 = 16$

¿Cinco al cuadrado?
El mamut aún está estampando el 5^2. ¿Cuántos cuadrados azules habrá cuando el mamut haya terminado? (Respuesta en la p. 160).

Cuatro al cuadrado
El cuarto número cuadrado tiene cuatro estampas en cuatro filas, y da un total de 16 sellos.

Números cúbicos

Un número cúbico es un número entero que se multiplica por sí mismo y luego por sí mismo otra vez. Recibe este nombre porque un número cúbico se puede mostrar en forma de cubo. El primer número cúbico (1 x 1 x 1) es un cubo de largo, un cubo de alto y un cubo de profundidad. El siguiente (2 x 2 x 2) tiene dos cubos de largo, dos cubos de alto y dos cubos de profundidad.

Cubos de azúcar

Mientras el mamut disfruta de una relajante pausa para el té, las musarañas están ocupadas haciendo terrones de azúcar. Esculpen cada terrón de azúcar en forma de cubo pequeño (una forma 3D con caras cuadradas) y luego los apilan para formar estructuras cúbicas cada vez más grandes.

Secuencia de cubos

Las musarañas han dispuesto los terrones de azúcar para mostrar la secuencia de los números cúbicos. Si multiplicas el número de cubos de azúcar que tiene de alto, ancho y largo cada pila, obtendrás cada uno de los números cúbicos de la secuencia. Los números cúbicos se muestran con un pequeño 3 junto al número, así: 1^3.

Unidad
Cada terrón de azúcar representa una unidad.

1^3
Este terrón de azúcar tiene una unidad de largo, una de alto y una de ancho: $1 \times 1 \times 1 = 1$.

2^3
Este cubo tiene dos unidades de largo, dos de alto y dos de ancho: $2 \times 2 \times 2 = 8$.

3^3
Este cubo tiene tres unidades de largo, tres de alto y tres de ancho: $3 \times 3 \times 3 = 27$.

4^3

Cuando esté completo, este cubo tendrá cuatro unidades de largo, cuatro de alto y cuatro de ancho: $4 \times 4 \times 4 = 64$.

Encuentra la potencia

El 5 grande se llama base, y el 3 pequeño, que indica un número cúbico, se llama exponente. Una potencia es una forma rápida de mostrar cuántas veces se ha multiplicado un número o base por sí mismo. Por ejemplo, un número multiplicado por sí mismo dos veces (número cuadrado) se ha multiplicado a la potencia de 2: $2 \times 2 = 2^2$.

Un número multiplicado por sí mismo tres veces (número cúbico) se ha multiplicado a la potencia de 3: $2 \times 2 \times 2 = 2^3$.

$$5^3 = 5 \times 5 \times 5$$

El número 5 se ha multiplicado por sí mismo tres veces, o a la potencia de 3.

$$= 125$$

Aquí el exponente es 10. Solo ha aumentado en 7, ¡pero el producto es más de 9 millones!

$$5^{10} = 5 \times 5 \times 5 \times 5 \times 5 \times 5 \times 5 \times 5 \times 5 \times 5$$

$$= 9\,765\,625$$

Sucesión de Fibonacci

Hay una secuencia muy interesante en matemáticas que lleva el nombre de un matemático italiano del siglo XIII: la sucesión de Fibonacci. Cada número de la secuencia es el resultado de sumar los dos anteriores. Esta serie de números se puede utilizar para dibujar una espiral, como están descubriendo las musarañas.

$$1+1 \quad 1+2 \quad 2+3 \quad 3+5 \quad 5+8 \quad 8+13 \quad 13+21$$

$$1 \quad 1 \quad 2 \quad 3 \quad 5 \quad 8 \quad 13 \quad 21 \quad 34...$$

La serie empieza con el 1.

Una espiral especial

Inspirándose en la curva de la trompa del mamut, las musarañas utilizan la sucesión de Fibonacci para hacer una espiral impresionante. Para obtener la forma de espiral, primero convierten la secuencia de números en cuadrados. La longitud de los lados de cada cuadrado representa los términos de la secuencia.

Paso uno

El primer término de la secuencia es 1, por lo que la musaraña pone un cuadrado en el suelo. Dibuja un cuarto de círculo que conecta las esquinas opuestas del cuadrado.

Paso dos

El segundo término de la secuencia es 1, así que las musarañas ponen otro cuadrado junto al primero. El tercer término es 2, y las musarañas colocan una casilla cuyos lados miden 2 cuadrados.

Otro cuadrado

El segundo término también es 1, de modo que se suma otro cuadrado solo.

Girar en espiral

Cada vez que las musarañas forman un cuadrado, dibujan un cuarto de círculo para conectar las esquinas.

Paso tres

La red está empezando a crecer. El siguiente término es 3, por lo que las musarañas deben agregar una casilla con lados de 3 cuadrados de largo.

Los lados de cada nuevo cuadrado son la longitud de los dos anteriores juntos.

Crece

El siguiente término es 5, de modo que se suma una casilla cuyos lados miden 5 cuadrados.

Sucesión sin fin

Podrían seguir sumando cuadrados sin parar: ¡la sucesión de Fibonacci es infinita!

Paso cuatro

Las musarañas van sumando cuadrados, cada uno con lados de la misma longitud que los dos anteriores juntos. Al final obtienen una enorme espiral de Fibonacci, el proyecto perfecto para su atracción de feria.

Supertobogán

Las musarañas bajan disparadas por el tobogán. La espiral de Fibonacci se encuentra en todo tipo de lugares. En la naturaleza la puedes encontrar en las formas de los caparazones marinos y en los patrones que hacen las semillas en el centro de un girasol.

Formas mágicas

Si juntas formas y números puedes realizar desafíos complicados. Uno de ellos es el triángulo mágico. Para resolver este acertijo de tres lados, los números a lo largo de cada lado del triángulo deben sumar el número mágico que está en el centro.

Billar interrumpido

Los mamuts disfrutan de una partida de billar en el césped cuando las musarañas deciden tomar prestadas sus bolas para construir un triángulo mágico. Por suerte, descubren un nuevo juego, ya que ahora tienen que descifrar qué bola numerada debe ir en cada hoyo.

Cavar hoyos
Las musarañas han cavado hoyos en el césped para hacer su triángulo mágico.

Parte superior del triángulo
Con 5 arriba y 9 abajo, el borde derecho del triángulo ya suma 14.

Llenar los huecos
Una vez que la musaraña haya hecho rodar la bola 7 dentro del hoyo, la línea de fondo sumará 17. Entonces, ¿qué bola debe entrar en el hoyo vacío para que sume 20?

Cuadrados mágicos

Los triángulos no son las únicas formas que contienen patrones desconcertantes. En un cuadrado mágico, cada columna, fila y línea diagonal suman el mismo número. De hecho, también puedes obtener este número, llamado suma mágica, si sumas los cuatro números de las esquinas o los cuatro del centro. Según la leyenda, el primer cuadrado mágico fue descubierto hace más de 4000 años por un emperador chino.

Encontrar la suma mágica

En este cuadrado mágico, la suma mágica es 34. Utiliza cada número entre 1 y 16 solo una vez, y cada línea vertical, horizontal y diagonal suma 34.

16	3	2	13
5	10	11	8
9	6	7	12
4	15	14	1

Los cuatro números de las esquinas también suman 34.

Resuelve el cuadrado

¿Puedes resolver este cuadrado mágico encontrando los números que faltan? La suma mágica es 111, y cada número entre 1 y 36 solo se puede usar una vez. Comienza buscando líneas a las que les falte un solo número.

	18				23
	25		27	22	31
34	9	1	10		21
6		30	28		16
	14	29	8	20	
		15	35	17	13

Puedes ver la solución en la p. 160.

Orden de cuatro

Hay cuatro puntos en cada uno de los lados de este triángulo, por eso se llama triángulo de orden de cuatro.

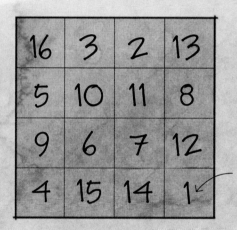

Número mágico: 20

20

Utiliza los siguientes números:
1, 2, 3, 4, 5, 6, 7, 8, 9

20 justos

El número en el centro de este triángulo mágico es 20. ¿Puedes usar los números de las bolas para hacer que los lados del triángulo sumen 20? Solo puedes usar cada número una vez. Para darte un comienzo, las musarañas ya han colocado tres de las bolas en su lugar.

Invitación codificada

La musaraña camuflada ajusta la rueda de cifrado para que la A del anillo interior se alinee con la E del anillo exterior. Cada letra del mensaje de la musaraña se sustituye por la letra que está 4 lugares más adelante en el alfabeto. El mensaje codificado se envía por la noche.

Mensaje codificado

Si conoces la regla, puedes descodificar el mensaje, pero para los no iniciados este mensaje parece un galimatías.

JMIWXE TEVE 10 PEPAX E PIHMSHME

Correo de palomas

Las invitaciones codificadas se envían mientras el mamut está profundamente dormido.

Clave

Para descodificar el mensaje hay que alinear los dos alfabetos como lo ha hecho la primera musaraña.

A=E

Una rueda muy útil

La musaraña podría codificar el mensaje simplemente usando la regla «usa la letra de 4 posiciones adelante», pero la rueda de cifrado lo hace mucho más rápido.

Códigos

Un código es un sistema de letras, números o palabras que se utilizan para representar otras letras, números y palabras. Una vez que se ha codificado un mensaje, parece un revoltijo sin sentido. Solo los que saben la regla serán capaces de descifrar el código.

Cifrado César

Los planes ultrasecretos están en marcha. Para mantener sus comunicaciones en secreto, las musarañas utilizan el código de cifrado César, o desplazamiento de César, en el que cada letra se cambia por otra. El truco es mover el alfabeto una o más posiciones. Por ejemplo, reemplaza cada letra con la que le sigue en el alfabeto, de manera que la «a» se convierta en «b» y así sucesivamente. Las musarañas usan una rueda de cifrado para ayudarse con su plan secreto.

Código binario

Los números también se pueden usar para hacer códigos. El código binario es el que usa solo dos dígitos: 0 y 1. Cada letra, número y símbolo se representa como una serie de 0 y 1. Por ejemplo, la letra A se codificaría como 01000001. Cuando se envía información digital desde un ordenador, esta se codifica como un flujo de estos 0 y 1 binarios. El ordenador receptor traduce los dígitos binarios a las letras y símbolos que reconocemos.

Rueda giratoria
El anillo exterior se mueve, así las musarañas pueden reiniciar la rueda, alineando las letras de forma diferente y creando un nuevo cifrado cada vez.

Marca los cambios
Las letras del anillo exterior son el cifrado. Las que están en el anillo interior son las letras «reales».

Rueda de cifrado
Esta herramienta hace mucho más fácil descodificar el mensaje. Todo lo que deben hacer las musarañas es usar la clave para alinear la rueda correctamente.

Descodificar el mensaje
Las musarañas ajustan el dispositivo y se ponen a descodificar. Cada una de las letras del mensaje está en el círculo exterior del dispositivo, y luego se cambia por la letra correspondiente en el interior.

¡Fiesta!
El código se ha descifrado. Ahora toca celebrarlo. ¡Feliz cumpleaños mamut!

FIESTA PARA EL MAMU$T A MEDIODÍA

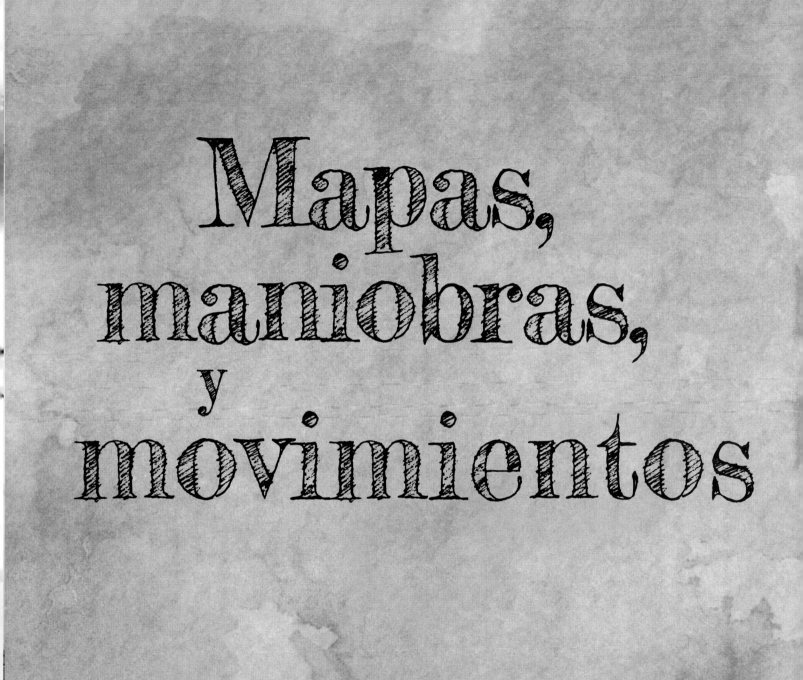

Eje de simetría
Esta figura tiene solo un eje de simetría. No puedes hacer dos mitades idénticas dibujando una línea en otro lugar.

Gira el árbol
El árbol no tiene simetría rotacional porque tendrías que girarlo 360° para que encajara en su contorno original.

Asimetría
Algunas formas no tienen líneas de simetría: son asimétricas. Esta forma de árbol es asimétrica porque no se puede dibujar una línea en ninguna parte para hacer una imagen especular.

Simetría especular
El mamut ha usado un espejo para hacer una forma simétrica. La línea trazada por el espejo forma el eje de simetría, dividiendo la forma del mamut en dos mitades idénticas que encajarían exactamente la una sobre la otra.

Como un espejo
Los dos lados divididos por el eje de simetría son imágenes especulares entre sí.

Simetría

Una forma o un objeto tiene simetría si se puede trazar una línea a través de él y formar dos mitades idénticas, como imágenes que se reflejaran en un espejo. Esto es la simetría especular. También hay otro tipo de simetría. Si puedes rotar una forma alrededor de un punto central de modo que encaje en su contorno original, entonces tienes simetría rotacional.

Simetría en la naturaleza
Las alas de una mariposa son imágenes especulares entre sí, de modo que tiene un eje de simetría.

Encontrar la simetría

Para ver si una forma tiene simetría especular, imagina que la doblas por la mitad. Si la forma es simétrica, las dos mitades coincidirán. Para ver si una forma tiene simetría rotacional, imagina que la haces girar alrededor de un punto o eje central. El número de veces que la forma encaja perfectamente en su contorno original en una vuelta completa es el orden de simetría rotacional.

Cuartos de vuelta
Cada vez que la forma da un cuarto de vuelta, se ajusta perfectamente a su contorno original.

Ejes de simetría

Estas son las líneas de simetría de algunas formas 2D. Las formas pueden tener uno, dos o muchos ejes de simetría. Un círculo es único, porque cualquier línea que lo divide por su centro es un eje de simetría, así que tiene un número infinito.

Triángulo isósceles
Un eje de simetría

Rectángulo
Dos ejes de simetría

Triángulo equilátero
Tres ejes de simetría

Pentágono
Cinco ejes de simetría

Hexágono regular
Seis ejes de simetría

Círculo
Ejes de simetría infinitos

Punto central

Simetría rotacional
El molino de viento de la musaraña gira con la brisa. Cada vez que da un cuarto de vuelta, la forma se ajusta exactamente a su contorno original. Durante un giro completo, se ajustará a su contorno cuatro veces, por lo que decimos que su orden de simetría rotacional es 4.

Movimiento
Una forma trasladada
puede ir arriba, abajo,
a la izquierda o a la
derecha.

1. Traslación

Si un objeto se mueve a una nueva posición
sin cambiar su forma o tamaño, esto se
llama traslación. El mamut ha saltado en
el aire y ha mantenido la misma forma,
mostrando la traslación de una forma.

2. Reflexión

Si un objeto se mueve de modo que crea una
nueva imagen especular del objeto original, esta
transformación se llama reflexión. Aquí, el
mamut y su forma en el espejo están en lados
opuestos de una línea recta de reflexión.

Transformaciones

En matemáticas, un cambio en el tamaño
o la posición de una forma se conoce
como una transformación. Las formas se
pueden mover de muchas maneras, pero
las tres transformaciones más comunes
son la traslación, la reflexión y la rotación.
Este mamut bailarín demuestra las tres
mientras practica unas piruetas perfectas.

Centro de rotación
Este es el punto alrededor del cual ha girado el mamut.

Imagen reflejada
Cada parte de la imagen reflejada está a la misma distancia de la línea de reflexión que la original.

3. Rotación
La forma del mamut ha girado alrededor de un punto (centro de rotación). Este tipo de transformación se llama rotación. La cantidad de rotación de la forma se llama ángulo de rotación.

Teselaciones
La traslación se puede usar para hacer unos patrones llamados teselaciones. Estos utilizan formas idénticas que encajan entre sí sin espacios entre ellos y sin superposición. Los cuadriláteros, triángulos y hexágonos idénticos siempre se pueden teselar. Las formas teseladas también se pueden llamar mosaicos, y la disposición de las formas se conoce como mosaico. En la imagen de abajo, los mamuts rojos y blancos se han trasladado en diagonal para formar un mosaico.

En continuo movimiento
El mamut bailarín salta y aterriza con gracia, mientras que las musarañas le aportan el acompañamiento musical. A medida que el mamut practica distintos movimientos, se producen tres transformaciones diferentes.

Mapas

Los mamuts y las musarañas están de expedición para encontrar un campo famoso donde crecen las calabazas más grandes. Deben evitar los peligros del camino, como pantanos, canteras y lagos turbios. Lo que necesitan es un mapa y, por supuesto, los conocimientos para leerlo.

¿Cómo funcionan los mapas?

Una cuadrícula divide el mapa en cuadrados de igual tamaño. Los cuadrados están etiquetados horizontal y verticalmente para que cada uno tenga su propia combinación única de letras y números. Estas son las coordenadas del cuadrado.

Eje vertical
Los cuadrados de los lados están marcados con números.

RÍO COLMILLO

LAGO PLEISTOCENO

CALLE CALABAZA

Campo de calabazas
¿Acertaste? La musaraña que se lanza en paracaídas apunta al cuadrado E10.

Eje horizontal
A lo largo de la parte superior e inferior, la cuadrícula está marcada con letras.

Leer las coordenadas
Para saber las coordenadas de un cuadrado, primero mira el eje horizontal y luego el eje vertical. Por ejemplo, las coordenadas de este cuadrado son E2.

¡Llegando a tierra!
La musaraña va directa hacia el huerto de calabazas. ¿Qué coordenadas necesita?

B C D E F G H I J

1
2
3
4
5
6
7
8
9
10

AVENIDA MASTODONTE

ESTEPAS

BOSQUES FRONDOSOS

CANTERA DE CUARZO

PANTANO FANGOSO

J

Mapa de tamaño mamut
Este mapa tiene el mismo tamaño que los lugares que representa, así que no sería muy útil para desplazarse. Por eso los mamuts necesitan una versión reducida: pasa la página para tener más información.

Mapas a escala

Un mapa a tamaño natural no sirve de mucho: ¡sería demasiado grande para transportarlo y usarlo con facilidad! Los mapas son versiones reducidas de lugares reales. Esto significa que los lugares y las distancias entre ellos se han reducido en la misma proporción. Un mapa tiene exactamente las mismas proporciones que la ubicación real que representa, solo que es más pequeño.

Ubicar las calabazas

Las musarañas han venido para reunirse con su amigo el paracaidista en el campo de calabazas. Su mapa muestra la misma ubicación que el de las páginas 84 y 85, pero se ha reducido (ver pp. 54 y 55). El campo de calabazas, que ocupa un cuadrado de cuadrícula completo, mide 10 m de ancho. En el mapa de las musarañas, esto se dibuja como 1 cm.

Reducido
Las proporciones del mapa son exactamente las mismas que las de la versión de tamaño natural. Todo se ha vuelto más pequeño en la misma medida.

Midiendo
Las musarañas miden un cuadrado y ven que tiene 1 cm de ancho.

0   10 m   20 m   30 m

Escala
Esto indica que 1 cm en el mapa representa 10 m (1000 cm) sobre el terreno. Entonces la escala es 1 cm:10 m o 1:1000.

Elegir una escala

La escala de un mapa se escribe como una razón, que te dice cuántas unidades de una distancia en la vida real equivalen a una unidad en el mapa. Diferentes mapas usan diferentes escalas, dependiendo de lo que necesitan mostrar. Los mapas a gran escala, como el mapa de 1 cm:10 m de las musarañas, pueden mostrar más detalles pero no cubrirán un área tan grande. Los mapas con escalas más pequeñas, como los dos que se muestran aquí, pueden representar un área más grande pero no con tanto detalle.

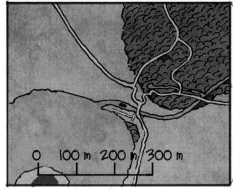

1 cm:100 m (1:10 000)

Cuando 1 cm en el mapa representa 100 m, el campo de calabazas ya no es visible, pero ahora ves que está entre el lago y el bosque.

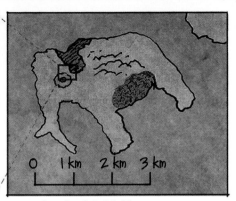

1 cm:1 km (1:100 000)

En este mapa, 1 cm representa 1 km. A esta escala, no puedes captar muchos detalles, pero puedes ver el contorno de toda la isla.

El campo de calabazas mide 10 m de ancho.

Utilizar una brújula

¡Vamos de pícnic! ¿Encontrarán los mamuts el prado? Cuando quieras averiguar qué camino has de tomar, una brújula es la herramienta adecuada. Su puntero magnético muestra en qué dirección está el norte, y una vez que encuentras el norte, ya puedes calcular todas las demás direcciones.

Encontrar direcciones

Una brújula muestra las direcciones como ángulos, llamados rumbos, medidos en el sentido de las agujas del reloj desde el norte (0°). La aguja de una brújula siempre apunta al norte, sin importar en qué dirección apuntes la brújula. Para leer una brújula, alinea la aguja con la N de norte marcada en la esfera.

Norte
El norte tiene un rumbo de 0°.

Aguja magnética
La aguja gira libremente de modo que siempre apunta al norte.

Esfera
Los puntos de la brújula están marcados en la esfera. Alinear la aguja con el N te permite determinar en qué dirección te diriges.

Noroeste
Este punto está a medio camino entre el oeste y el norte.

Este
Si haces un cuarto de vuelta en el sentido de las agujas del reloj (90°) desde el norte, mirarás hacia el este.

Oeste
El oeste es un giro de tres cuartos en el sentido de las agujas del reloj (270°) desde el norte.

Sur
Media vuelta desde el norte, el rumbo del sur es de 180°.

Puntos de la brújula

Como otros círculos, una brújula se divide en 360 grados. Cada grado describe una dirección precisa. Los cuatro puntos principales (o puntos cardinales) son el norte, el sur, el este y el oeste. Están espaciados de forma igual alrededor de la brújula. A medio camino entre ellos están los puntos ordinales: noreste, sureste, suroeste y noroeste.

Prado de pícnics

Apuntando al norte
Los mapas tienen una flecha para indicar el norte. Alinear la aguja de una brújula con esta flecha te permite comenzar a encontrar direcciones.

Paso tres
En el Puente Tambaleante, gira al NOROESTE hasta llegar al lugar del pícnic.

Paso dos
Ahora dirígete al ESTE y luego cruza el Puente Tambaleante.

Paso uno
Ve hacia el NORTE hasta llegar al Viejo Roble.

Punto inicial

Direcciones al prado de pícnics

Usar la brújula
Puedes usar las direcciones de la brújula (rumbos) para desplazarte con un mapa. Los mamuts utilizan sus habilidades con la brújula para seguir las instrucciones y llegar al lugar del pícnic.

¡Qué laberintos!

Las musarañas se están abriendo paso en un laberinto de proporciones gigantescas. Un laberinto es un tipo de acertijo matemático lleno de giros y vueltas, bifurcaciones endiabladas y frustrantes callejones sin salida.
Para encontrar el camino, las musarañas tendrán que descubrir cómo están conectados los espacios del laberinto, ¡y aplicar un poco de ingenio!

Inicio
La entrada es la punta de la trompa del mamut.

Fin
La salida está en
la cola del mamut.

Laberinto de mamut

¿Sabes encontrar un camino a través de este magnífico laberinto? Primero ve a la estatua de la musaraña en el centro, y después busca la ruta para salir. No hay una fórmula secreta: debes seguir el método de prueba y error. Intenta recordar los callejones sin salida a medida que avanzas ¡para no cometer dos veces el mismo error!

¿Qué camino sigo?
Un laberinto es más difícil de resolver desde dentro. ¡Las musarañas podrían quedar horas atrapadas!

Tienes la solución en la página 160.

Laberintos y redes

Para ayudarte a resolver un laberinto, puedes dibujarlo como una red. Este diagrama sencillo muestra cómo se conectan entre sí las partes del laberinto.

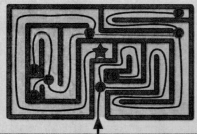

La ruta correcta
El diagrama muestra que cuando llegas al punto A debes dirigirte al punto C, porque B es un callejón sin salida.

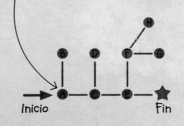

Paso uno
Marca cada cruce (donde puedes elegir la dirección) y cada callejón sin salida con un punto. Asigna una letra a cada punto. Finalmente, une todos los puntos para mostrar las diferentes rutas.

Inicio

Paso dos
Ahora escribe las letras y conéctalas con líneas rectas, en lugar de los giros y vueltas del laberinto. Obtendrás un diagrama que muestra la ruta más rápida de principio a fin.

Fin

Formas estupendas

Ayudante agotado

Las musarañas usan muchas líneas diferentes en su construcción de bambú. El mamut necesitará un largo descanso a la sombra después de cargar tantas cañas de bambú bajo el calor del día.

No paralelas

Las líneas no paralelas no están a la misma distancia entre sí en toda su longitud. Si las líneas continuasen, al final se encontrarían.

Líneas

Todo el mundo sabe qué es una línea, pero en matemáticas es la palabra que usamos para describir algo que une dos puntos. Puede ser recta o curva, y una línea recta puede apuntar en cualquier dirección. Lo único que puedes medir en una línea es su longitud. No tiene altura ni grosor.

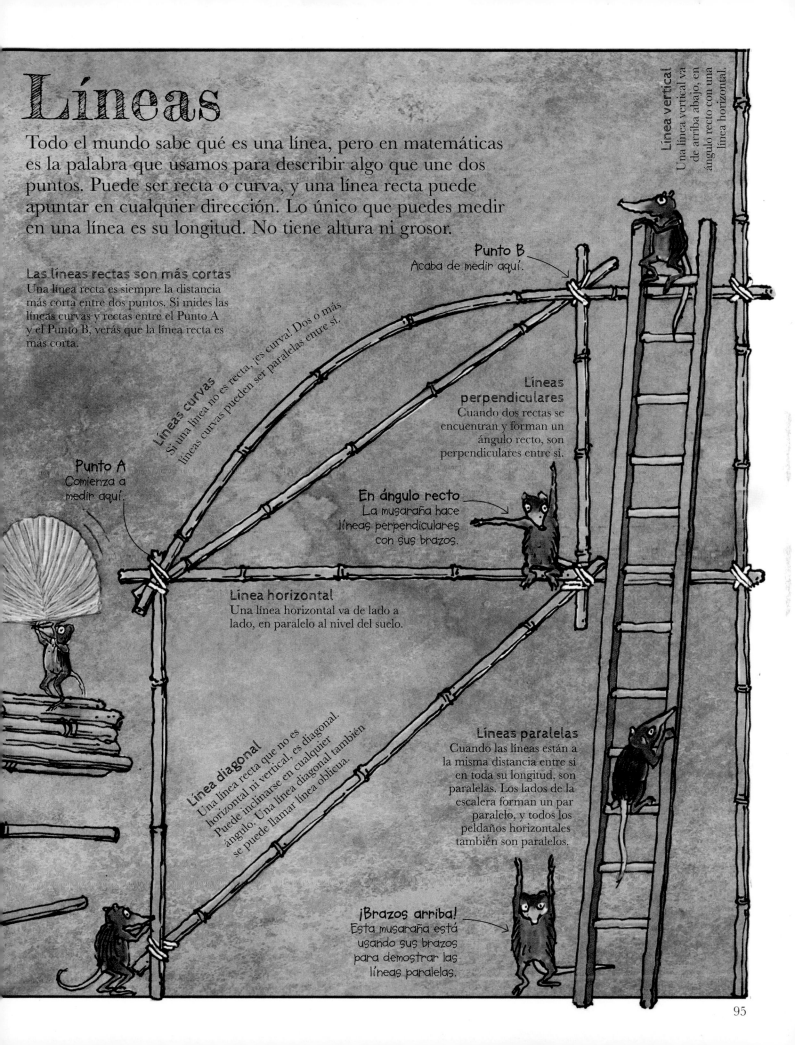

Línea vertical
Una línea vertical va de arriba abajo, en ángulo recto con una línea horizontal.

Punto B
Acaba de medir aquí.

Las líneas rectas son más cortas
Una línea recta es siempre la distancia más corta entre dos puntos. Si mides las líneas curvas y rectas entre el Punto A y el Punto B, verás que la línea recta es más corta.

Líneas curvas
Si una línea no es recta, ¡es curva! Dos o más líneas curvas pueden ser paralelas entre sí.

Líneas perpendiculares
Cuando dos rectas se encuentran y forman un ángulo recto, son perpendiculares entre sí.

Punto A
Comienza a medir aquí.

En ángulo recto
La musaraña hace líneas perpendiculares con sus brazos.

Línea horizontal
Una línea horizontal va de lado a lado, en paralelo al nivel del suelo.

Línea diagonal
Una línea recta que no es horizontal ni vertical, es diagonal. Puede inclinarse en cualquier ángulo. Una línea diagonal también se puede llamar línea oblicua.

Líneas paralelas
Cuando las líneas están a la misma distancia entre sí en toda su longitud, son paralelas. Los lados de la escalera forman un par paralelo, y todos los peldaños horizontales también son paralelos.

¡Brazos arriba!
Esta musaraña está usando sus brazos para demostrar las líneas paralelas.

95

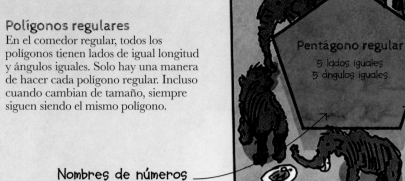

Polígonos regulares

En el comedor regular, todos los polígonos tienen lados de igual longitud y ángulos iguales. Solo hay una manera de hacer cada polígono regular. Incluso cuando cambian de tamaño, siempre siguen siendo el mismo polígono.

Nombres de números
Los polígonos obtienen su nombre de la palabra griega correspondiente a su número de ángulos. Por ejemplo, pentágono significa «cinco ángulos».

Cuadrado
Un cuadrilátero regular se conoce como cuadrado.

Pentágono regular
5 lados iguales
5 ángulos iguales

Decágono regular
10 lados iguales
10 ángulos iguales

Hexágono regular
6 lados iguales
6 ángulos iguales

Cuadrilátero regular
4 lados iguales
4 ángulos iguales

Octágono regular
8 lados iguales
8 ángulos iguales

Formas 2D

Las formas que son planas se denominan formas 2D (abreviatura de bidimensional). Tienen largo y ancho, pero no grosor. Las formas 2D pueden tener lados rectos o lados curvos, o una combinación de ambos. Las que solo tienen bordes rectos pertenecen a un grupo llamado polígonos. Aquí, en el restaurante de los mamuts, hay polígonos por todas partes.

Lados y ángulos
En todo polígono, regular o irregular, el número de lados es igual al número de ángulos.

¿Mesa para tres?

En este popular restaurante, las superficies de las mesas son todas polígonos: formas 2D con lados rectos. Los mamuts pueden optar por cenar en la sala regular, donde todas las mesas son polígonos regulares, o en la zona irregular. Está más cerca de los músicos, pero sentarse alrededor de esas formas... ¡es algo incómodo!

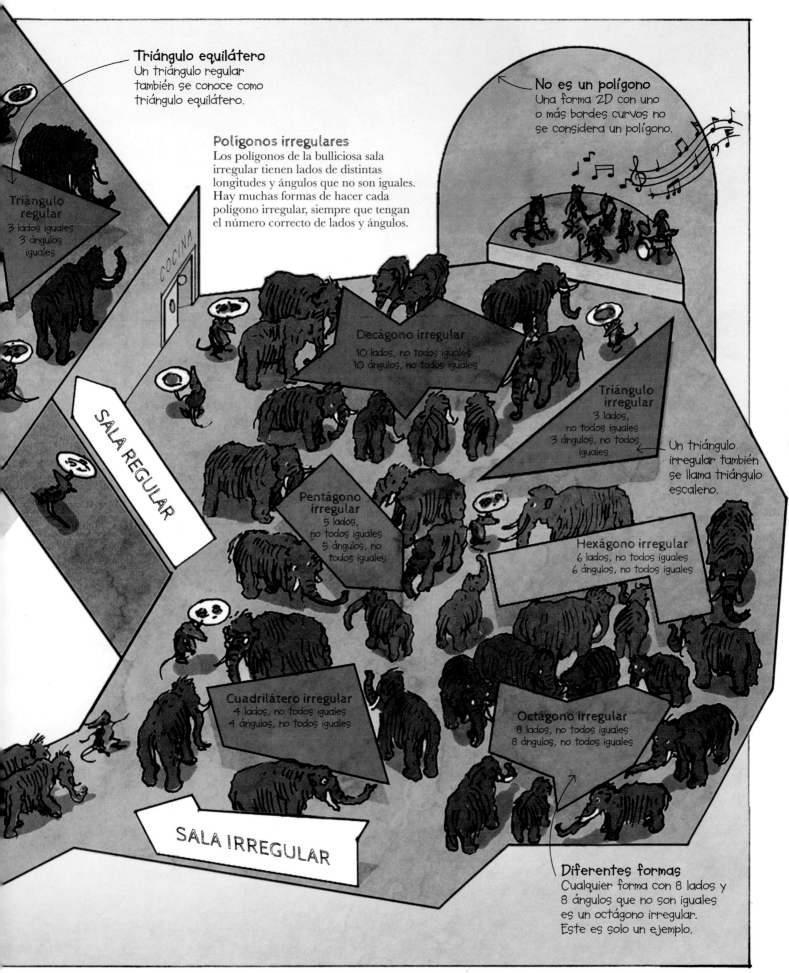

Triángulo equilátero
Un triángulo regular también se conoce como triángulo equilátero.

No es un polígono
Una forma 2D con uno o más bordes curvos no se considera un polígono.

Polígonos irregulares
Los polígonos de la bulliciosa sala irregular tienen lados de distintas longitudes y ángulos que no son iguales. Hay muchas formas de hacer cada polígono irregular, siempre que tengan el número correcto de lados y ángulos.

Triángulo regular
3 lados iguales
3 ángulos iguales

COCINA

Decágono irregular
10 lados, no todos iguales
10 ángulos, no todos iguales

Triángulo irregular
3 lados, no todos iguales
3 ángulos, no todos iguales

Un triángulo irregular también se llama triángulo escaleno.

SALA REGULAR

Pentágono irregular
5 lados, no todos iguales
5 ángulos, no todos iguales

Hexágono irregular
6 lados, no todos iguales
6 ángulos, no todos iguales

Cuadrilátero irregular
4 lados, no todos iguales
4 ángulos, no todos iguales

Octágono irregular
8 lados, no todos iguales
8 ángulos, no todos iguales

SALA IRREGULAR

Diferentes formas
Cualquier forma con 8 lados y 8 ángulos que no son iguales es un octágono irregular. Este es solo un ejemplo.

Medir un mamut

Averiguar la altura de algo muy alto puede ser complicado, pero estas musarañas han encontrado una solución inteligente. Todo lo que necesitan es un cuadrado de papel, una cinta métrica, algunos conocimientos clave sobre el triángulo y un mamut muy paciente.

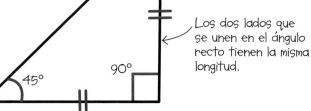

Los dos lados que se unen en el ángulo recto tienen la misma longitud.

Truco triangular

¿Cómo pueden las musarañas medir la altura del mamut sin levantarse del suelo? ¡Usando un triángulo! Las musarañas saben que un triángulo rectángulo con dos ángulos iguales debe tener dos lados de la misma longitud. Al hacer un triángulo con la trompa del mamut, pueden medir la distancia del lado que va a lo largo del suelo: será la misma que la distancia hasta la parte superior de la cabeza del mamut.

1. Hacer un medidor

Las musarañas cogen un cuadrado de papel y lo doblan por la mitad para formar un triángulo con un ángulo recto y dos ángulos idénticos de 45°. Ahora tienen una herramienta útil para encontrar ángulos de 45°.

Cada esquina es de 90°.

La mitad de 90 es 45.

2. Colocar el mamut

A continuación, las musarañas le piden educadamente al mamut que extienda su trompa. Al colocar su triángulo de papel, forman una línea recta desde el suelo hasta la parte superior de la cabeza del mamut en un ángulo perfecto de 45°.

La trompa del mamut se une a la punta del triángulo de papel para formar un lado del triángulo imaginario.

Perspectiva

El triángulo está en el lugar correcto cuando la musaraña puede mirar hacia arriba a lo largo del borde hasta la parte superior de la cabeza del mamut.

Triángulo idéntico

El triángulo más grande tiene las mismas proporciones y ángulos que el pequeño. Así que este ángulo también es de 45°.

Siempre 180°

Los ángulos de un triángulo siempre suman 180°. Puedes probar esto tú mismo reorganizando los ángulos de un triángulo para formar una línea recta. No importa qué tipo de triángulo uses, siempre funcionará.

Rompe las esquinas de un triángulo de papel.

Reorganízalas y formarán una línea recta: 180°.

Triángulos semejantes

Las musarañas han hecho un triángulo con la misma forma que su pequeño triángulo de papel, pero más grande. En matemáticas, se llaman triángulos semejantes.

3. Encontrar la altura

El triángulo del mamut tiene un ángulo recto y dos ángulos de 45°, por lo que las musarañas pueden simplemente medir la longitud del lado horizontal y será la misma que la distancia desde el suelo hasta la parte superior de la cabeza del mamut. ¡Tachán!

Ángulo recto

Hipotenusa
En un triángulo rectángulo, el lado opuesto al ángulo recto tiene un nombre especial: «hipotenusa».

Ángulo recto

Prueba triangular

Bajo el cálido sol de la tarde, tres serpientes están tumbadas disfrutando de una agradable siesta. Un mamut y una musaraña que pasan por allí ven que las serpientes dormidas han formado un triángulo rectángulo. Deciden comprobar una de las reglas matemáticas más famosas de todos los tiempos: el teorema de Pitágoras.

Con cuadrados

La teoría dice que si formas un cuadrado en cada lado de un triángulo rectángulo, el área del cuadrado más grande será igual al área de los otros dos cuadrados sumados. Moviéndose muy silenciosamente, el mamut y la musaraña marcan un cuadrado al lado de cada serpiente dormida para poner a prueba esta teoría.

Con letras

Podemos mostrar la relación entre los lados del triángulo usando una fórmula (ver p. 125). Las letras se utilizan para representar los tres lados del triángulo.

$$a^2 \ + \ b^2 \ = \ c^2$$

El 2 pequeño significa «cuadrado» (ver pp. 62–63).

El cuadrado del lado «a» tiene un total de 9 piezas.

El cuadrado más grande

El cuadrado del lado más largo, la hipotenusa, mide 25 piezas, lo mismo que los otros dos cuadrados sumados: 9 + 16 = 25.

Formando cuadrados

El equipo de demostración ha utilizado piezas para formar los tres cuadrados. Contando las piezas se obtiene el área de cada cuadrado. Se ve claramente que el cuadrado del lado más largo contiene el mismo número de piezas que los otros dos juntos.

c

b

a

Medir el área

El lado «b» tiene cuatro piezas de largo, así que el mamut forma un cuadrado de cuatro piezas de largo y cuatro piezas de ancho. Este cuadrado mide 16 piezas en total.

103

Cuadriláteros

Un polígono 2D con cuatro lados es un cuadrilátero. Todos los cuadriláteros tienen cuatro lados, cuatro ángulos y cuatro vértices. Como todos los polígonos, los cuadriláteros pueden ser regulares, con lados y ángulos iguales, o irregulares, con lados y ángulos diferentes entre sí.

¡Pon nombre a las formas!

Todas estas formas son miembros de la familia de los cuadriláteros. Las formas que ves en esta página son paralelogramos, mientras que las de la página siguiente no lo son.

Los lados paralelos están marcados con símbolos de flecha coincidentes.

Los guiones indican que los lados opuestos tienen la misma longitud.

Paralelogramo
¡El nombre da una pista! Un paralelogramo tiene dos parejas de lados paralelos. Sus lados opuestos tienen la misma longitud y sus ángulos opuestos también son iguales.

Los ángulos que son iguales se marcan con arcos.

Rectángulo
Un rectángulo tiene lados opuestos de igual longitud. Estos lados opuestos son paralelos, de modo que es un paralelogramo. Pero es un tipo especial de paralelogramo, porque los cuatro ángulos son iguales (y todos son ángulos rectos).

Ángulos rectos
Cada uno de los cuatro ángulos del rectángulo mide 90°.

Cuadrado
Un cuadrado también es un paralelogramo; y un rectángulo especial, porque tiene dos pares de lados paralelos. Es único porque los cuatro lados tienen la misma longitud y los cuatro ángulos son iguales.

Rombo
Este cuadrilátero forma parte del club del paralelogramo pero no del grupo del rectángulo. Sus lados opuestos son paralelos y sus ángulos opuestos son iguales, pero no son ángulos rectos. Sus cuatro lados tienen la misma longitud.

Cometa

Una forma de cometa tiene dos conjuntos de lados de igual longitud. Los lados iguales son adyacentes, lo que significa que se unen en un vértice. Los ángulos opuestos de una cometa son iguales.

Este ángulo y el opuesto son iguales.

Una forma de cometa tiene dos lados largos adyacentes de igual longitud y dos más cortos que también son iguales.

Cuarteto impresionante

«Quad» significa «cuatro» en latín. Las cosas que comienzan con «cuad», como «cuadrilátero» o una moto «quad», ¡siempre tienen cuatro de algo!

Dos triángulos

Los ángulos dentro de un cuadrilátero siempre suman 360°. Puedes probar que esto es cierto usando la prueba del triángulo. Cualquier cuadrilátero, sea cual sea su tamaño o forma, se puede dividir en dos triángulos. Los ángulos de un triángulo siempre suman 180°. Eso significa que los ángulos del cuadrilátero han ser 2 x 180°, lo que equivale a 360°.

Trapecio

Un trapecio también se llama trapezoide. Tiene un par de lados paralelos. Si los dos lados no paralelos tienen la misma longitud, como ocurre con esta forma, se llama trapecio isósceles.

Un trapecio en ángulo recto tiene dos ángulos rectos y un par de lados paralelos.

Cuadrilátero irregular

Este cuadrilátero no tiene lados paralelos, ni ángulos iguales, y todas sus aristas tienen diferentes longitudes. Es un cuadrilátero irregular. ¡De nuevo a la mesa de dibujo!

Círculos

Un círculo es un tipo especial de forma 2D, porque no tiene vértices (esquinas) ni ángulos, y solo una arista: una sola línea curva que recorre todo el camino alrededor de un punto central hasta que se une a sí misma nuevamente. Cada punto de esa línea, que se llama circunferencia, está exactamente a la misma distancia del punto central del círculo.

Un viaje en círculos

La gran noria del parque de atracciones utiliza la geometría de los círculos para crear un divertido viaje circular para las musarañas. Las cestas están colocadas en varios puntos del borde, o circunferencia, de la noria. A medida que la noria gira alrededor de su punto central, las cestas viajan en un círculo perfecto.

Radio
Una línea recta desde el centro del círculo hasta su circunferencia se llama radio.

Circunferencia
La distancia alrededor del perímetro (borde) de un círculo se llama circunferencia.

De vuelta al principio
Un giro completo alrededor del círculo hace que cada cesta regrese a su punto de inicio, de modo que las musarañas pueden subir y bajar fácilmente.

La misma distancia

Cada bombilla en la circunferencia de la noria está a la misma distancia del centro.

Diámetro

Una línea recta que comienza y termina en la circunferencia pasando por el punto central se llama diámetro.

Punto central

circunferencia = diámetro x 3,14

Prueba de pi

El diámetro de un círculo puede caber alrededor de su circunferencia 3,14 veces. En la noria, cada parte coloreada del borde representa la longitud de su diámetro. Hay espacio para tres diámetros y un poco más, que se muestra en negro.

Formas curvas

Hay otras formas 2D importantes que tienen bordes curvos, pero que no son círculos. Estas son dos de las más importantes.

Semicírculo

Si dibujas un diámetro a través de un círculo, divides el círculo en dos mitades, llamadas semicírculos. No importa en qué dirección se dibuje el diámetro, siempre que pase por el centro y toque ambos lados del círculo.

El diámetro divide un círculo en dos semicírculos idénticos.

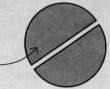

Elipse

Una elipse u óvalo parece un círculo aplastado, pero en realidad es una forma matemática muy precisa. Un círculo tiene un solo punto fijo, su centro, pero una elipse tiene dos puntos clave, llamados focos. Puedes dibujar una elipse perfecta como esta.

1. Clava dos chinchetas en un papel y únelas con un trozo de hilo, dejándolo un poco suelto.

2. Pon un lápiz dentro del lazo, tira del hilo con fuerza y dibuja una curva alrededor de las dos chinchetas (focos).

π El desconcertante pi

Hay una cosa siempre cierta para cualquier círculo, por muy grande o pequeño que sea. Si mides la circunferencia siempre será igual a la longitud del diámetro multiplicada por 3,14. Este número tiene un nombre especial en matemáticas: se llama pi y se representa con este símbolo: π.

Formas 3D

En el taller de las musarañas hay estantes y estantes llenos de formas en 3D. 3D significa «tridimensional», y describe formas que tienen largo, ancho y alto. A diferencia de las formas 2D, que son completamente planas, una forma 3D es la que ocupa espacio.

Cilindro
Un cilindro tiene dos extremos circulares idénticos, con una cara curva en medio.

Hemisferio
La mitad de una esfera se llama hemisferio. Si juntas las caras planas de dos hemisferios, obtienes una esfera.

Cubo
Las seis caras de un cubo son todas cuadrados idénticos.

Ortoedro
Las caras del ortoedro son rectángulos. Sus caras opuestas son idénticas.

Pirámide de base cuadrada
Esta forma tiene una cara cuadrada y cuatro triangulares.

Esfera
Una esfera no tiene aristas ni vértices, y solo una cara.

¡Cuántas formas!
Las formas 3D que vemos en las matemáticas pueden tener partes rectas o curvas, o una combinación de ambas. Pueden ser regulares, con caras idénticas, o irregulares, con caras diferentes.

¿Poli-qué?
Cualquier forma 3D cuyas caras son todo polígonos se llama poliedro.

Caras diferentes
Las formas 3D con caras de diferentes tamaños y formas son irregulares. ¿Cuántas formas 3D irregulares puedes ver en este modelo de mamut? (Respuesta en la p. 160).

Cara
La superficie de un objeto 3D es una cara. Puede ser plana o curva.

Arista
Una arista es la línea donde se encuentran dos o más caras de una forma 3D.

Vértice
Un vértice es una esquina. Es donde se unen dos o más aristas de la forma.

Modelo de mamut
Las musarañas están ocupadas construyendo un modelo de mamut en 3D. Los objetos 3D tienen diferentes formas y tamaños. Las musarañas usan formas geométricas (las que vemos en matemáticas), pero cualquier objeto que ocupa espacio es una forma 3D. ¡Tú eres una forma 3D, y también lo son las páginas de este libro!

Desarrollo de un cubo

↳ El desarrollo lo forman seis cuadrados.

Las musarañas están usando desarrollos para construir formas 3D para su modelo de mamut. En la línea de ensamblaje están doblando un desarrollo para hacer un cubo. El desarrollo que usan las musarañas es solo uno de los 11 posibles para hacer un cubo. ¿Puedes averiguar cómo serían los demás? (Respuesta en la p. 160).

Esta cara será la tapa del cubo.

Construir un cubo

Con el desarrollo del cubo ya recortado, las musarañas solo tienen que doblarlo y unir los bordes. ¡Crearán un cubo perfecto!

Forma recortada

El contorno del desarrollo se ha dibujado sobre cartón y se ha recortado con cuidado.

Pliegues marcados

Las líneas entre las caras se pueden marcar con una regla para que los pliegues sean más definidos.

Hacer formas 3D

Si abrieras una forma 3D y la extendieras plana, obtendrías una forma 2D llamada desarrollo. Algunas formas 3D se pueden hacer a partir de muchos desarrollos diferentes, mientras que para otras solo hay una forma de construirlas. En el taller, las musarañas están construyendo un cubo.

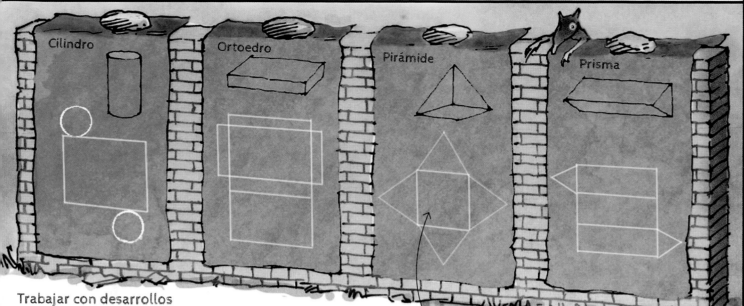

Cilindro

Ortoedro

Pirámide

Prisma

Trabajar con desarrollos

Los desarrollos para hacer otras formas se colocan en la pared del taller. La mayoría de las formas 3D tienen al menos un desarrollo. Lo difícil sería una esfera: no se puede hacer una esfera perfecta a partir de una sola hoja plana.

Desarrollo de pirámide
El desarrollo de una pirámide de base cuadrada está formado por un cuadrado y cuatro triángulos equiláteros.

Dobla las caras
Las caras se doblan para unir las aristas.

Pega los lados
Las aristas se pegan con pegamento o cinta adhesiva. Agregar pequeñas pestañas a los lados del desarrollo lo haría aún más fácil.

Cubo terminado
Esta forma 3D está lista para guardar en los estantes del taller de las musarañas o para ocupar su lugar en el modelo de mamut 3D.

Poliedros

Un poliedro es una forma 3D con caras planas (hechas de polígonos) y aristas rectas. Como la mayoría de las formas en matemáticas, pueden ser regulares, con caras que son polígonos regulares del mismo tamaño, o irregulares, en que las caras son polígonos de diferentes tamaños y formas.

Prisma octogonal
Las partes paralelas de esta forma son octogonales, de ocho lados.

Prisma rectangular
También llamado ortoedro, sus extremos opuestos son rectángulos.

Prisma triangular
Esta cuña de queso tiene partes que son triángulos.

Prismas deliciosos para merendar

Para merendar, en el taller, las musarañas comen una variedad de tentempiés que tienen algo en común: todos excepto uno tienen forma de prisma. Un prisma es un tipo especial de poliedro: sus caras tienen el mismo tamaño y forma, y son paralelas entre sí. Esto significa que un prisma tiene el mismo tamaño y forma en toda su longitud.

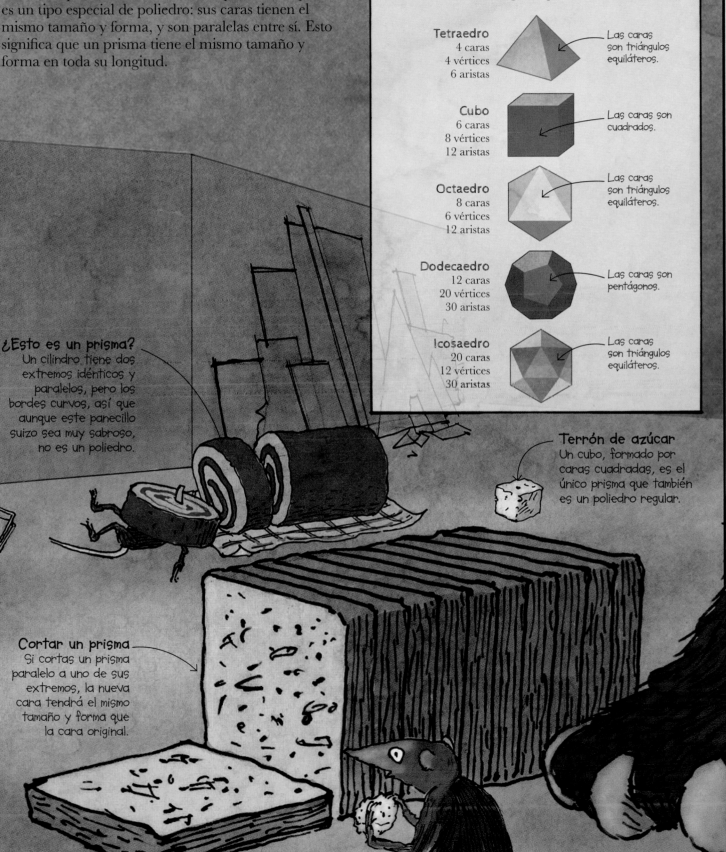

Poliedros regulares

Una forma 3D cuyas caras son todo polígonos regulares idénticos se llama poliedro regular. Sorprendentemente, de todas las formas 3D del mundo, solo hay cinco en este club tan exclusivo, y tres de ellas están hechas a partir de la misma forma: el triángulo equilátero.

Tetraedro
4 caras
4 vértices
6 aristas

Las caras son triángulos equiláteros.

Cubo
6 caras
8 vértices
12 aristas

Las caras son cuadrados.

Octaedro
8 caras
6 vértices
12 aristas

Las caras son triángulos equiláteros.

Dodecaedro
12 caras
20 vértices
30 aristas

Las caras son pentágonos.

Icosaedro
20 caras
12 vértices
30 aristas

Las caras son triángulos equiláteros.

¿Esto es un prisma?
Un cilindro tiene dos extremos idénticos y paralelos, pero los bordes curvos, así que aunque este panecillo suizo sea muy sabroso, no es un poliedro.

Terrón de azúcar
Un cubo, formado por caras cuadradas, es el único prisma que también es un poliedro regular.

Cortar un prisma
Si cortas un prisma paralelo a uno de sus extremos, la nueva cara tendrá el mismo tamaño y forma que la cara original.

Formas imposibles

Las formas imposibles son aquellas que se pueden dibujar, pero no se pueden construir en la vida real. Son ilusiones ópticas que funcionan porque tu cerebro está programado para dar sentido a la información que recibe de tus ojos. Estos son algunos ejemplos de imágenes 2D que engañan al cerebro para que vea objetos 3D imposibles.

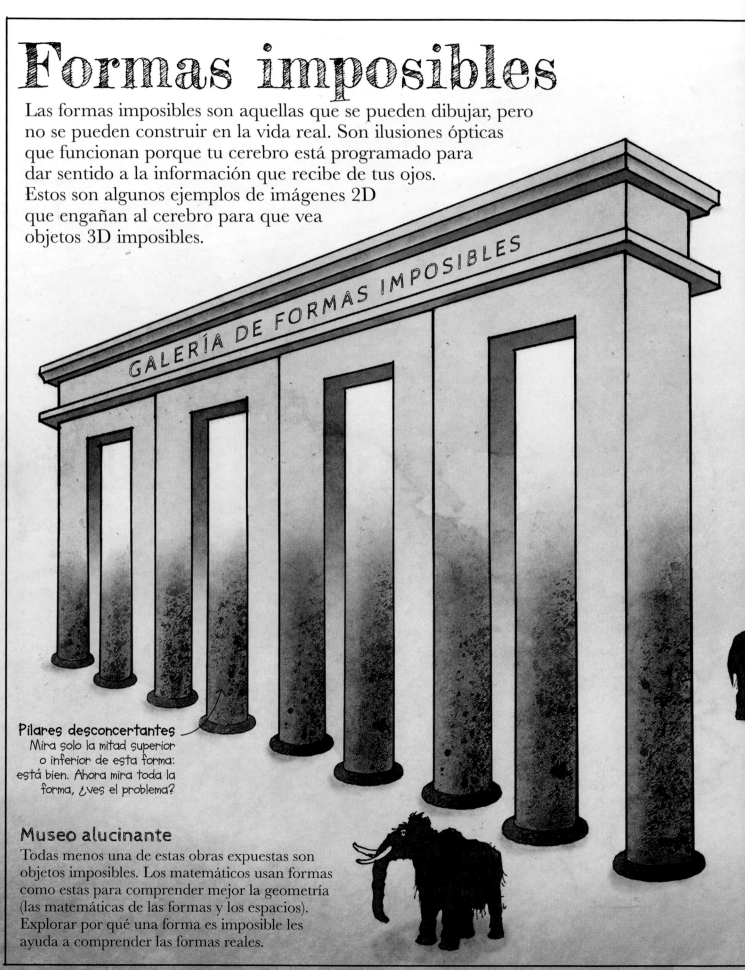

GALERÍA DE FORMAS IMPOSIBLES

Pilares desconcertantes

Mira solo la mitad superior o inferior de esta forma: está bien. Ahora mira toda la forma, ¿ves el problema?

Museo alucinante

Todas menos una de estas obras expuestas son objetos imposibles. Los matemáticos usan formas como estas para comprender mejor la geometría (las matemáticas de las formas y los espacios). Explorar por qué una forma es imposible les ayuda a comprender las formas reales.

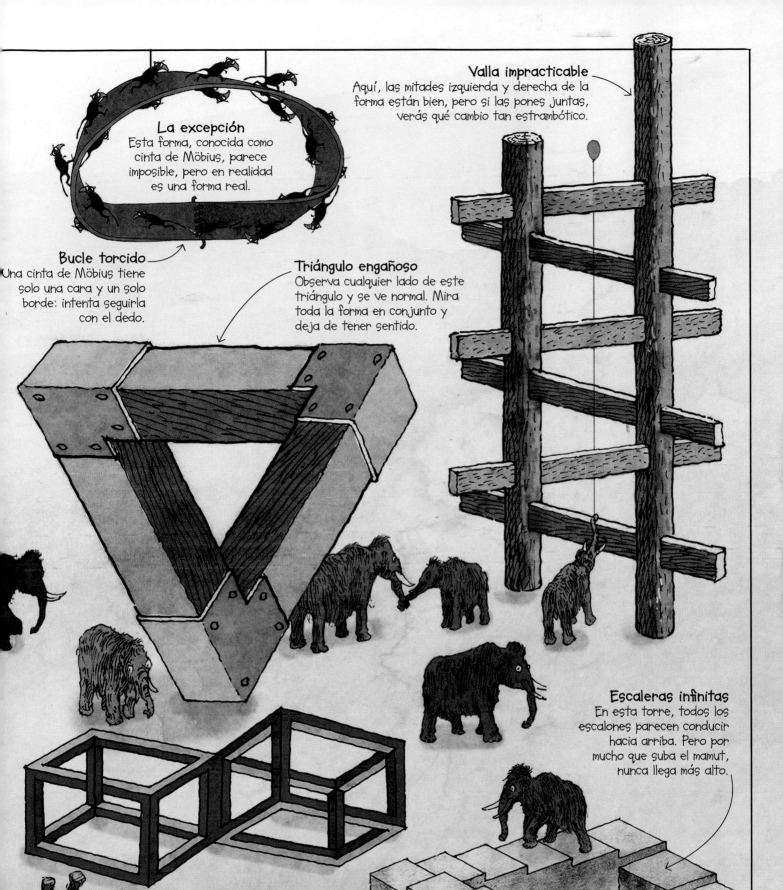

La excepción
Esta forma, conocida como cinta de Möbius, parece imposible, pero en realidad es una forma real.

Valla impracticable
Aquí, las mitades izquierda y derecha de la forma están bien, pero si las pones juntas, verás qué cambio tan estrambótico.

Bucle torcido
Una cinta de Möbius tiene solo una cara y un solo borde: intenta seguirla con el dedo.

Triángulo engañoso
Observa cualquier lado de este triángulo y se ve normal. Mira toda la forma en conjunto y deja de tener sentido.

Escaleras infinitas
En esta torre, todos los escalones parecen conducir hacia arriba. Pero por mucho que suba el mamut, nunca llega más alto.

Cubos complicados
Estas cajas interconectadas son completamente caóticas. Las aristas se cruzan de una manera que haría imposible construir esta forma.

¿Cuánto hay?
¿Cuánto mide?
¿Cuánto dura?

Área

El espacio interior de una figura plana se llama área. Medimos el área usando unidades cuadradas: cada unidad representa un cuadrado, con sus cuatro lados de igual longitud. Algunas de las unidades cuadradas que se usan con más frecuencia son los kilómetros cuadrados, los metros cuadrados y los centímetros cuadrados. Las unidades elevadas al cuadrado se indican con un número 2 pequeño, así: 5 m^2.

Musarañas jardineras

Las musarañas han estado ocupadas en su huerto. Cada una tiene un pequeño terreno cuadrado, donde cultivan sus frutas, flores y vegetales favoritos. Pero ¿cuánto mide el huerto en total? Podemos averiguarlo calculando su área total.

Ancho
El huerto mide 3 m de ancho. En su ancho caben tres cuadrados de 1 m.

Largo
En total, el huerto mide 4 m de largo. En su longitud caben cuatro cuadrados de 1 m.

Contar los cuadrados
La parcela individual de cada musaraña es de un metro cuadrado. Podemos encontrar el área total del huerto rectangular de las musarañas contando los metros cuadrados del interior de la cerca. Hay un total de 12 cuadrados, de modo que el huerto tiene un área de 12 m^2.

Unidad cuadrada

El huerto de cada musaraña es un cuadrado de 1 m de largo y 1 m de ancho. Por lo tanto, el área de cada cuadrado es 1 metro cuadrado, o 1 m².

Otra solución

Otra forma de saber el área de un rectángulo es multiplicar el largo por el ancho. Este huerto mide 4 m de largo por 3 m de ancho. 4 x 3 = 12, así que el área es de 12 m².

área = largo x ancho

Dulce, dulce volumen

¿Cuál es el volumen de esta caja? Las musarañas están ansiosas por averiguarlo. Para poder encontrar la solución, han tallado cientos de terrones de azúcar en cubos perfectos. Con la ayuda del mamut, están llenando la caja con filas ordenadas de azúcar.

Volumen

El volumen es la cantidad de espacio que ocupa un objeto 3D. Es una forma de describir qué mide algo en tres dimensiones. El volumen se calcula usando unidades cúbicas: cada unidad representa un cubo, con su alto, ancho y largo de una unidad de longitud. Indicamos las unidades cúbicas con un 3 pequeño, así: 4 m³.

Un cubo perfecto

Las musarañas han medido meticulosamente cada terrón de azúcar. Cada terrón es un cubo perfecto, y cada uno de sus lados mide 1 cm. Esto significa que cada cubo tiene un volumen de 1 cm³.

Calcular el volumen

Contar los cubos de 1 cm³ es una forma de encontrar el volumen de la caja. También podríamos resolverlo usando las longitudes de los lados. La fórmula para el volumen de un ortoedro es esta:

largo x ancho x alto = volumen

Podemos encontrar las longitudes de cada uno de los lados de la caja contando los terrones de azúcar de un centímetro de largo. Luego, multiplicamos las longitudes para encontrar el volumen:

8 cm x 8 cm x 9 cm = 576 cm³

Ancho
La caja mide 8 cubos de ancho, lo que equivale a 8 cm.

Alto
La altura de la caja es de 9 cubos, o 9 cm.

Largo
La caja mide 8 cubos de largo, que equivale a 8 cm.

Contar cubos

El mamut levanta la caja y deja al descubierto una ordenada pila de terrones de azúcar. Hay 576 cubos en total, de modo que el volumen de la caja es de 576 cm³.

Unidad cúbica
Cada terrón de azúcar individual tiene un volumen de 1 cm³.

Velocidad

Para medir la velocidad, necesitas saber dos cosas diferentes: qué distancia ha recorrido algo, y cuánto tiempo ha tardado en llegar allí. Una vez sepas esto, puedes calcular la rapidez a la que iba el objeto. La velocidad es una unidad de medida compuesta, lo que significa que requiere dos o más medidas diferentes.

Mamut a la carga
El mamut corre mucho por la pista, pero ¿a qué velocidad se mueve realmente este rey de la rapidez?

¡Alto, amigo!
La musaraña jinete tendrá que agarrarse fuerte. Un mamut que corre a máxima velocidad puede tardar un poco en reducir la marcha.

9

100 m

Fórmula triangular

Encontramos la velocidad dividiendo la distancia recorrida por el tiempo empleado. Escrito como una fórmula, es así:

$$\text{Velocidad} = \frac{\text{Distancia}}{\text{Tiempo}}$$

Si colocas la fórmula en un triángulo, puedes usarla para calcular cualquiera de los tres valores, siempre que conozcas los valores de los otros dos.

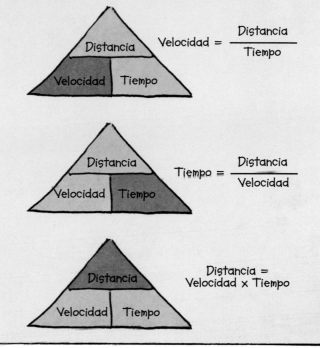

$$\text{Velocidad} = \frac{\text{Distancia}}{\text{Tiempo}}$$

$$\text{Tiempo} = \frac{\text{Distancia}}{\text{Velocidad}}$$

$$\text{Distancia} = \text{Velocidad} \times \text{Tiempo}$$

Distancia recorrida
La pista de atletismo mide 100 m de largo, así que el mamut ha corrido una distancia de 100 m.

Esprínter veloz

Para averiguar lo rápido que puede correr este veloz mamut, las musarañas usan un cronómetro para calcular la carrera de 100 m del mamut. Para averiguar la velocidad, dividen la distancia recorrida por el tiempo que tarda en recorrerla. El resultado es que la velocidad del mamut era de 4 m/s.

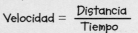

distancia ÷ tiempo = velocidad

100 ÷ 25 = 4 m/s

Así es como escribimos «metros por segundo».

Tiempo registrado
La musaraña detiene el reloj cuando el mamut cruza la línea de meta. El mamut ha tardado 25 segundos en correr 100 m.

Peso y masa

La cantidad de materia o material del interior de un objeto se llama masa. Mucha gente suele decir peso cuando se refiere a la masa, pero el peso es algo diferente: es la cantidad de gravedad que actúa sobre un objeto y se mide en newtons (N). La masa se mide en unidades métricas como miligramos, gramos, kilogramos y toneladas.

Medir la masa

Ahora que las musarañas ya saben qué es la masa, están ansiosas por medirse a sí mismas. También han convencido al mamut y a otros amigos suyos. Cada animal se medirá utilizando las unidades métricas que mejor se adapten a su tamaño.

Hormiga diminuta

La hormiga espera mientras la musaraña lee la balanza. Su masa es diminuta: solo 5 mg.

Musaraña pequeña

Una musaraña se pone en la balanza mientras otra anota su masa, 10 g.

5 mg

10 g

Miligramos

Medimos la masa de cosas diminutas y livianas usando unidades diminutas, como los miligramos (mg). Hay unidades aún más pequeñas, como los nanogramos, pero se usan para medir la masa de objetos tan pequeños que solo se pueden ver con un microscopio.

Gramos

Hay 1000 mg en cada gramo (g). Un clip sujetapapeles tiene una masa de alrededor de 1 g, un plátano pesa unos 30 g y un libro de bolsillo unos 140 g.

Kilogramos

Hay 1000 g en 1 kilogramo (kg). Una botella de 1 litro de agua tiene una masa de 1 kg, un gato pesa unos 4 kg y un piano de cola puede llegar hasta 500 kg.

15 kg

Megamamut
El mamut es el animal más grande aquí, con un impresionante peso de 6 toneladas.

Serpiente pesada
Una gran serpiente se ha enroscado sobre esta balanza. Desde una distancia segura, una musaraña observa la masa de la serpiente: 15 kg.

6 toneladas

Toneladas

Las cosas muy pesadas se pueden medir en toneladas. Cada tonelada equivale a 1000 kg. Una morsa tiene una masa de alrededor de 1 tonelada, un elefante africano pesa unas 4 toneladas y un camión unas 40 toneladas.

Medir el tiempo

Medir el paso del tiempo nos ayuda a llevar un registro de las cosas. Tal vez quieres saber cuánto tardarás en hornear un pastel, cuánto durará un viaje o cuándo quieres quedar con tus amigos. Segundos, minutos y horas son las unidades que usamos para medir el tiempo a lo largo del día. Para saber la hora, necesitas un reloj.

Números

Los números alrededor de la esfera del reloj muestran las diferentes horas del día. Hay 24 horas en un día: 12 horas entre la medianoche y el mediodía, y otras 12 entre el mediodía y la medianoche.

Segundero

Esta manecilla avanza rápidamente por la esfera del reloj, marcando los segundos. Hay 60 segundos en un minuto. El segundero da una vuelta completa cada minuto.

Horario

La manecilla más corta y de movimiento más lento se llama horario, y señala la hora del día.

Reloj curioso

No muy lejos del gran laberinto (ver pp. 90-91) está este artístico reloj. Los mamuts han podado árboles y setos para hacer una esfera de reloj gigante. Los relojes con manecillas móviles, como este, se denominan relojes analógicos. Las agujas se mueven constantemente alrededor de una esfera circular, que está marcada con números. Leemos qué hora es mirando hacia dónde apunta cada aguja.

Minutero

La manecilla larga se llama minutero. Indica cuántos minutos de la hora han pasado. Hay 60 minutos en 1 hora. Esta manecilla da una vuelta completa cada hora.

Los relojes digitales

Los relojes digitales indican la hora usando dos números. El primer número muestra la hora del día, y el segundo número indica los minutos después de esa hora. Algunos relojes digitales utilizan el reloj de 12 horas, con las letras «AM» y «PM» que indican si es por la mañana (AM) o por la tarde (PM). Otros utilizan el reloj de 24 horas, que comienza a las 00:00 para indicar la medianoche y cuenta las 24 horas hasta la medianoche siguiente.

reloj de 12 horas

reloj de 24 horas

Horas   Minutos

Símbolo
El símbolo «PM» indica que son las 2 y 20 de la tarde.

Sigue contando
En un reloj de 24 horas, las 2 PM es la hora 14 del día. Después de las 12 del mediodía, han pasado otras 2 horas, y esto da 14.

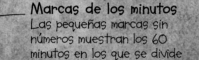

Marcas de los minutos
Las pequeñas marcas sin números muestran los 60 minutos en los que se divide cada hora. Podemos contarlos en grupos de 5, entre cada uno de los números grandes de la esfera del reloj.

Sentido horario
Todas las manecillas del reloj se mueven en esta dirección, y se conoce como «sentido horario».

La hora en punto
La hora es «entera» cuando el minutero apunta hacia las 12, y decimos «en punto»: son las 8 en punto.

Y media
La mitad de una hora es cuando el minutero señala el 6, y decimos «y media». Este reloj marca las 2 y media.

Y ... minutos
Hasta que el minutero llegue al 6, contamos el número de minutos después de la hora. Aquí son las 4 y 5 minutos.

Y cuarto
Decimos que son «y cuarto» cuando el minutero señala el número 3. Este reloj marca las 10 y cuarto.

Menos ... minutos
Cuando el minutero pasa el 6, contamos los minutos que faltan para la siguiente hora. Aquí son las 5 menos 25.

Menos cuarto
Cuando el minutero señala el 9, es que falta un cuarto para la siguiente hora. Este reloj marca las 7 menos cuarto.

Temperatura

A veces necesitas saber con precisión lo frío o caliente que está algo. Al medir la temperatura, puedes comparar el clima de hoy con el de ayer, asegurarte de que la nevera mantiene frescos los alimentos, o verificar tu propia temperatura para saber si estás bien o si tienes fiebre.

Diferentes escalas
Este termómetro mide la temperatura en dos unidades diferentes: grados Celsius (°C) y grados Fahrenheit (°F).

Leer las escalas
Las marcas a cada lado del termómetro son las escalas. La escala, que es similar a una regla, indica lo alta o baja que es la temperatura.

Observando el tiempo
Un termómetro simple contiene un líquido coloreado que se expande cuando hace calor y se contrae cuando hace frío, y esto lo hace subir o bajar por el tubo. La escala en el lateral significa que podemos leer la temperatura en grados.

¡Qué calor!
Cuanto más calor hace, más sube el líquido en el termómetro. Una temperatura de 42 °C (108 °F) significa que las musarañas y el mamut ¡necesitan refrescarse urgentemente!

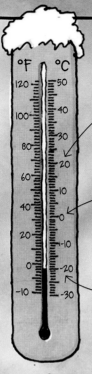

Perfecto
20 °C (68 °F) es una «temperatura ambiente» agradable.

Punto de congelación
0 °C (32 °F) marca la temperatura a la que el agua se congela.

Bajo cero
Las temperaturas bajo cero se muestran en la escala como números negativos (ver pp. 18–19).

Bajo congelación
A medida que baja la temperatura, también lo hace el líquido dentro del termómetro. Si indica –20 °C (–4 °F) significa que está muy por debajo del punto de congelación del agua, ¡esto es mucho frío!

De un extremo a otro
Lo que hace que una escala sea tan útil es que las medidas pueden compararse entre sí. Por ejemplo, podemos comparar la temperatura de hoy con la de ayer, el mes pasado o incluso hace 100 años. Elegir la escala adecuada también es muy importante. Algunas cosas están demasiado calientes, demasiado frías o demasiado lejos para medirlas en el rango de unidades que se muestra en un termómetro meteorológico.

Alien enfermo
¿Crees que un extraterrestre enfermo mediría su temperatura corporal en unidades Kelvin? ¿Quién sabe? Los científicos terrícolas miden en Kelvin utilizando termómetros digitales en lugar de líquidos.

¡Está quemando!
La temperatura corporal normal es de unos 37 °C (98,6 °F). Una lectura de 38 °C (100,4 °F) o más indica que tienes fiebre.

Mamut con fiebre
Un termómetro para tomar la temperatura corporal tiene un rango más pequeño entre las temperaturas más altas y más bajas, pero hay muchas gradaciones entre cada valor. Así se puede obtener una lectura muy precisa.

La temperatura en el espacio
El rango de temperaturas en el espacio es mucho más amplio que en la Tierra, por lo que los astrónomos y otros científicos miden la temperatura utilizando la escala Kelvin. Comienza en 0K, que también se conoce como cero absoluto: ¡la temperatura más fría posible que puede haber en cualquier parte del universo!

Manejar datos

Reunir datos

La palabra «datos» es un sinónimo de «información». Recopilar, organizar y tratar de comprender datos es un área de las matemáticas llamada estadística. Hay diferentes formas de reunir datos. Podrías elaborar una encuesta, haciendo preguntas a un grupo de personas y registrando sus respuestas. Podrías realizar una votación. El mamut recopila datos mediante la observación y usa marcas de recuento para llevar un registro.

Días
Cada día de la semana tiene su propia fila en el cuadro de recuento.

Conjuntos de datos
Una colección de información sobre un tema es un conjunto de datos que se pueden dividir en grupos más pequeños o subconjuntos. En este conjunto de datos de todas las aves registradas, los subconjuntos son las diferentes especies de aves.

Marcas de recuento
El mamut hace una marca de recuento (ver pp. 10–11) para cada ave que visita la casita.

El comportamiento de las aves

El mamut utiliza una tabla de frecuencias para recopilar información sobre qué pájaros visitan el comedero. La tabla enumera las aves y los días de la semana. Así, pueden analizar los datos para calcular la cantidad de comida para pájaros que deben almacenar. Además, al saber qué pájaros vienen con menos frecuencia, pueden decidir ofrecerles otro tipo de comida para tratar de atraer más aves.

¡No es un pájaro!
Las patas peludas sugieren que esta extraña especie es una intrusa.

Golosinas
Cinco especies diferentes de aves se reúnen en el comedero.

Tipos de datos

Los datos en forma de números se denominan datos cuantitativos. Hay dos tipos principales: discretos y continuos. Los datos discretos se cuentan, y solo pueden tener ciertos valores. Por ejemplo, la cantidad de niños en una clase es un ejemplo de datos discretos, porque no puedes tener la mitad de un niño. Los datos que se miden se llaman datos continuos. Este tipo de datos puede ser cualquier valor en un rango, y también puede cambiar con el tiempo.

Medir la altura
La altura es un ejemplo de datos continuos, porque puede ser cualquier valor dentro del rango de alturas humanas posibles.

Contar goles
El número de goles de un partido de fútbol es un ejemplo de datos discretos.

Mostrar datos

Una vez recopilados los datos, hay muchas
maneras de presentarlos para que sean más
fáciles de analizar o comprender. Dibujar tablas
y gráficos puede facilitar la visualización clara de
los datos y la comparación de varios subconjuntos.
Existen diferentes tipos de gráficos para mostrar
diferentes tipos de datos.

¿Qué significa esto?

El mamut se ha pasado una semana entera
recopilando datos sobre las aves en la tabla de
alimentación. Para ayudar a explicar los datos
a este público aviar, el mamut ha dibujado tres
gráficos diferentes.

Gráfico circular

Estos gráficos muestran subconjuntos
de datos como porciones de una «tarta»
circular, y se ve claramente la proporción
de un grupo en comparación con el total.
El mamut ha utilizado un gráfico circular
para mostrar la proporción de cada
especie en el número total de aves a lo
largo de la semana.

Gorriones
Más de una cuarta
parte de las aves
eran gorriones.

TIPOS DE AVES

CLAVE
Palomas
Gorriones
Pinzones
Cuervos
Urracas
Desconocidas

Clave
Cada tipo de ave
está representada
por un color distinto.

Gráfico de barras

Un gráfico de barras usa barras o columnas para mostrar los datos. La altura de cada barra muestra con qué frecuencia se ha registrado cada tipo de dato. Las barras más largas representan la mayor cantidad. Este gráfico de barras muestra las aves que había cada día de la semana.

Eje Y
La línea vertical se llama el eje Y. El eje Y de este gráfico indica el número de aves.

Eje X
La línea horizontal se llama el eje X. En este gráfico, los días de la semana forman el eje X.

El día más concurrido
El martes y el viernes fueron los dos días más concurridos en el comedero de pájaros.

PÁJAROS POR DÍA

NÚMERO DE PÁJAROS

30 · 25 · 20 · 15 · 10 · 5 · 0

Lu Ma Mi Ju Vi Sá Do

DÍA

Gráfico lineal

Para hacer un gráfico lineal, cada dato se marca con un punto. Después, los puntos se unen con líneas. Este tipo de gráfico es una forma útil de mostrar datos que cambian con el tiempo.

Datos detallados
Un día concreto de la semana, el mamut recopiló datos más detallados, registrando exactamente a qué hora visitaba cada ave la casita del comedero.

Línea cambiante
La línea muestra cómo cambia el número de visitantes a lo largo del día.

PÁJAROS VISITANTES POR HORA

NÚMERO DE PÁJAROS

8 · 7 · 6 · 5 · 4 · 3 · 2 · 1 · 0

6:00 7:00 8:00 9:00 10:00 11:00 12:00 13:00 14:00 15:00 16:00 17:00 18:00

HORA

Tarde tranquila
Hubo menos visitas de aves por la tarde que por la mañana.

137

Diagrama de Venn

Si tienes muchas cosas que se clasifican en diferentes grupos, un diagrama de Venn podría ser muy útil. Al organizar grupos de cosas con características similares (llamados conjuntos) en círculos superpuestos, los diagramas de Venn te muestran qué miembros de un grupo son similares y cuáles son diferentes.

Conjuntos de musarañas deportivas

En matemáticas, un conjunto es un grupo de cosas o números que tienen algo en común. Tanto si juegan al fútbol, hacen hockey sobre hielo o les encanta el snorkel, cada una de estas musarañas pertenece a un conjunto. Las que disfrutan practicando más de un deporte están en varios conjuntos, ¡algunas incluso están en los tres! Para tratar de mantener las cosas bajo control, el mamut ha utilizado un diagrama de Venn.

Fans del fútbol
A todas las del círculo naranja les gusta jugar al fútbol.

Fútbol

Buceadora futbolista
Como le gusta el buceo y el fútbol, la musaraña está en el espacio en que se superponen los círculos verde y naranja.

¡Listas!
Cuando el mamut hace sonar el silbato, las musarañas se reúnen en grupos según sus deportes favoritos. Las musarañas a las que les gustan todas las actividades van al centro, donde se superponen los tres círculos del diagrama de Venn.

Dos conjuntos
Estas musarañas practican el fútbol y el hockey sobre hielo, por eso están colocadas donde se superponen los círculos naranja y azul.

Conjunto de hockey
A estas tres musarañas solo les gusta el hockey sobre hielo, por eso están en la parte del círculo azul que no se superpone con ningún otro.

Hockey sobre hielo

¡No es futbolera!
A esta musaraña le encanta el hockey y el snorkel, pero no el fútbol, así que está en los círculos azul y verde, pero no en el naranja.

Snorkel

Solo snorkel
Esta parte del diagrama de Venn está reservada para las musarañas a las que solo les gusta bucear.

Incluida en el conjunto
A algunas de las musarañas no les gusta ninguna de las tres actividades propuestas, de modo que han quedado fuera del diagrama de Venn, pero todavía están incluidas en el «conjunto universal», el grupo global de lo que se está ordenando.

Conjunto universal

139

Promedios

Un promedio es un valor medio que nos ayuda a resumir los datos en un conjunto. Es una forma de representar el conjunto utilizando un valor típico para representar a todo el grupo. Hay tres tipos de promedio: la media, la mediana y la moda.

Un día de promedios

Este grupo de mamuts tiene alturas diferentes. Las musarañas han medido cada mamut y luego han usado estos datos para calcular la media, la moda y la mediana. Han utilizado una vara de bambú para marcar cada tipo diferente de promedio.

Rango
La diferencia entre los valores mayor y menor del conjunto se denomina rango. El mamut más alto mide 4 m y el más bajo 1,5 m, así que el rango de alturas es de 2,5 m.

5 m

4 m

3 m

Moda
Es el valor más común en un conjunto. Aquí la moda es 1,5 m, pues hay dos mamuts que miden exactamente esto.

2 m

1,5 m

1 m

4 m

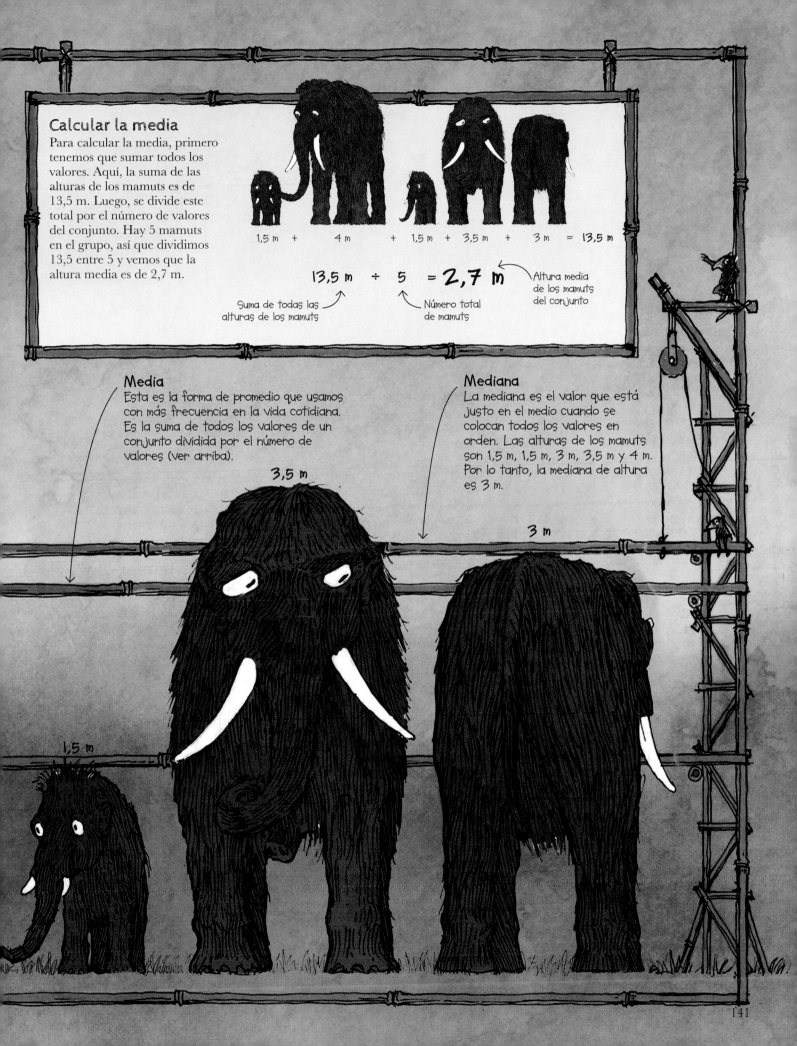

Calcular la media

Para calcular la media, primero tenemos que sumar todos los valores. Aquí, la suma de las alturas de los mamuts es de 13,5 m. Luego, se divide este total por el número de valores del conjunto. Hay 5 mamuts en el grupo, así que dividimos 13,5 entre 5 y vemos que la altura media es de 2,7 m.

1,5 m   +   4 m   +   1,5 m   +   3,5 m   +   3 m   =   13,5 m

$$13,5 \text{ m} \div 5 = 2,7 \text{ m}$$

Suma de todas las alturas de los mamuts

Número total de mamuts

Altura media de los mamuts del conjunto

Media

Esta es la forma de promedio que usamos con más frecuencia en la vida cotidiana. Es la suma de todos los valores de un conjunto dividida por el número de valores (ver arriba).

3,5 m

Mediana

La mediana es el valor que está justo en el medio cuando se colocan todos los valores en orden. Las alturas de los mamuts son 1,5 m, 1,5 m, 3 m, 3,5 m y 4 m. Por lo tanto, la mediana de altura es 3 m.

3 m

1,5 m

Probabilidad

Lo previsible que es que algo suceda se llama probabilidad. Algo con una probabilidad alta es más fácil que suceda, mientras que si la probabilidad es baja, significa que es más difícil. A menudo usamos fracciones para describir la probabilidad. Por ejemplo, una moneda tiene dos caras: cara y cruz. Cuando la tiras al aire, la probabilidad de que salga cara es de 1 de 2 o ½.

¿Cuál es la probabilidad?

Esta gran estructura de toboganes y escaleras es un juego de azar. Los mamuts se turnan para tirar el dado y ver cuántos espacios se moverá una musaraña. En cada tirada del dado, hay una probabilidad de ⅙ de sacar cada uno de los seis números del dado. Le toca lanzar al mamut de colmillos morados.

¡Buena suerte!

Si el mamut saca un 1 o un 6, la musaraña púrpura caerá en un tobogán, mientras que un 2 hará que suba por la escalera. ¿Cuál es la probabilidad de que la musaraña caiga en una casilla que no lleve a una escalera o a un tobogán? (Respuesta en la p. 160).

1 de 6

El dado tiene seis caras, pero solo una puede quedar arriba.

Tira el dado

Si el mamut saca un 2, entonces la musaraña púrpura subirá la escalera, acercándose a la victoria. Pero si saca un 1 o un 6, caerá por un tobogán. Así que la musaraña tiene ⅙ de probabilidad de subir la escalera, pero la probabilidad de bajar por un tobogán es mayor, ⅖.

Espera tu turno

Estas musarañas están haciendo cola para jugar.

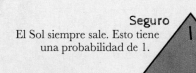

FINAL

90

70

50

30

10

Escala de probabilidad

Todas las probabilidades se pueden mostrar en una escala según lo fácil que es que sucedan. Esta escala va de 0 a 1, con el 1 que indica la máxima probabilidad y el 0 que indica una probabilidad nula. Cualquier cosa que esté entre medio se describe como entre 0 y 1, escrito como una fracción, un decimal o un porcentaje.

Seguro
El Sol siempre sale. Esto tiene una probabilidad de 1.

1

Probable
Las cosas más probables están bastante arriba en la escala.

Probabilidad parecida
Si es tan fácil que una cosa suceda como que no, su probabilidad es de 0,5. También podemos escribirlo como ½ o 50 %.

0,5

Improbable
Las cosas menos probables están más abajo en la escala.

Imposible
En la parte inferior están las cosas imposibles. La probabilidad de ver a un mamut con alas es de 0.

0

De 10 en 10
Cada una de las filas del tablero se compone de 10 espacios.

Multiplicación

Cuadrícula de multiplicación

Puedes usar una cuadrícula como esta para encontrar el resultado de los cálculos de multiplicación, o buscar las respuestas en las tablas de la página opuesta.

6 x 9 = 54

Segundo factor
Ahora busca el segundo factor, 9, en la columna de la izquierda.

Punto de encuentro
La respuesta es 54, el número de la casilla donde se encuentran los dos factores.

Primer factor
Busca el primer factor, 6, en la fila superior de la cuadrícula.

X	1	2	3	4	5	6	7	8	9	10	11	12
1	1	2	3	4	5	6	7	8	9	10	11	12
2	2	4	6	8	10	12	14	16	18	20	22	24
3	3	6	9	12	15	18	21	24	27	30	33	36
4	4	8	12	16	20	24	28	32	36	40	44	48
5	5	10	15	20	25	30	35	40	45	50	55	60
6	6	12	18	24	30	36	42	48	54	60	66	72
7	7	14	21	28	35	42	49	56	63	70	77	84
8	8	16	24	32	40	48	56	64	72	80	88	96
9	9	18	27	36	45	54	63	72	81	90	99	108
10	10	20	30	40	50	60	70	80	90	100	110	120
11	11	22	33	44	55	66	77	88	99	110	121	132
12	12	24	36	48	60	72	84	96	108	120	132	144

Casillas de cuadrados

La cuadrícula de multiplicación también nos muestra números cuadrados hasta el 12. Los números cuadrados forman una línea diagonal a través de la cuadrícula.

9 x 9 = 81

El punto donde se encuentran los 9 en la cuadrícula es 81, que es el cuadrado de 9.

X	1	2	3	4	5	6	7	8	9	10	11	12
1	1	2	3	4	5	6	7	8	9	10	11	12
2	2	4	6	8	10	12	14	16	18	20	22	24
3	3	6	9	12	15	18	21	24	27	30	33	36
4	4	8	12	16	20	24	28	32	36	40	44	48
5	5	10	15	20	25	30	35	40	45	50	55	60
6	6	12	18	24	30	36	42	48	54	60	66	72
7	7	14	21	28	35	42	49	56	63	70	77	84
8	8	16	24	32	40	48	56	64	72	80	88	96
9	9	18	27	36	45	54	63	72	81	90	99	108
10	10	20	30	40	50	60	70	80	90	100	110	120
11	11	22	33	44	55	66	77	88	99	110	121	132
12	12	24	36	48	60	72	84	96	108	120	132	144

Tablas de multiplicar

Tabla del 1

$1 \times 1 = 1$
$1 \times 2 = 2$
$1 \times 3 = 3$
$1 \times 4 = 4$
$1 \times 5 = 5$
$1 \times 6 = 6$
$1 \times 7 = 7$
$1 \times 8 = 8$
$1 \times 9 = 9$
$1 \times 10 = 10$
$1 \times 11 = 11$
$1 \times 12 = 12$

Tabla del 2

$2 \times 1 = 2$
$2 \times 2 = 4$
$2 \times 3 = 6$
$2 \times 4 = 8$
$2 \times 5 = 10$
$2 \times 6 = 12$
$2 \times 7 = 14$
$2 \times 8 = 16$
$2 \times 9 = 18$
$2 \times 10 = 20$
$2 \times 11 = 22$
$2 \times 12 = 24$

Tabla del 3

$3 \times 1 = 3$
$3 \times 2 = 6$
$3 \times 3 = 9$
$3 \times 4 = 12$
$3 \times 5 = 15$
$3 \times 6 = 18$
$3 \times 7 = 21$
$3 \times 8 = 24$
$3 \times 9 = 27$
$3 \times 10 = 30$
$3 \times 11 = 33$
$3 \times 12 = 36$

Tabla del 4

$4 \times 1 = 4$
$4 \times 2 = 8$
$4 \times 3 = 12$
$4 \times 4 = 16$
$4 \times 5 = 20$
$4 \times 6 = 24$
$4 \times 7 = 28$
$4 \times 8 = 32$
$4 \times 9 = 36$
$4 \times 10 = 40$
$4 \times 11 = 44$
$4 \times 12 = 48$

Tabla del 5

$5 \times 1 = 5$
$5 \times 2 = 10$
$5 \times 3 = 15$
$5 \times 4 = 20$
$5 \times 5 = 25$
$5 \times 6 = 30$
$5 \times 7 = 35$
$5 \times 8 = 40$
$5 \times 9 = 45$
$5 \times 10 = 50$
$5 \times 11 = 55$
$5 \times 12 = 60$

Tabla del 6

$6 \times 1 = 6$
$6 \times 2 = 12$
$6 \times 3 = 18$
$6 \times 4 = 24$
$6 \times 5 = 30$
$6 \times 6 = 36$
$6 \times 7 = 42$
$6 \times 8 = 48$
$6 \times 9 = 54$
$6 \times 10 = 60$
$6 \times 11 = 66$
$6 \times 12 = 72$

Tabla del 7

$7 \times 1 = 7$
$7 \times 2 = 14$
$7 \times 3 = 21$
$7 \times 4 = 28$
$7 \times 5 = 35$
$7 \times 6 = 42$
$7 \times 7 = 49$
$7 \times 8 = 56$
$7 \times 9 = 63$
$7 \times 10 = 70$
$7 \times 11 = 77$
$7 \times 12 = 84$

Tabla del 8

$8 \times 1 = 8$
$8 \times 2 = 16$
$8 \times 3 = 24$
$8 \times 4 = 32$
$8 \times 5 = 40$
$8 \times 6 = 48$
$8 \times 7 = 56$
$8 \times 8 = 64$
$8 \times 9 = 72$
$8 \times 10 = 80$
$8 \times 11 = 88$
$8 \times 12 = 96$

Tabla del 9

$9 \times 1 = 9$
$9 \times 2 = 18$
$9 \times 3 = 27$
$9 \times 4 = 36$
$9 \times 5 = 45$
$9 \times 6 = 54$
$9 \times 7 = 63$
$9 \times 8 = 72$
$9 \times 9 = 81$
$9 \times 10 = 90$
$9 \times 11 = 99$
$9 \times 12 = 108$

Tabla del 10

$10 \times 1 = 10$
$10 \times 2 = 20$
$10 \times 3 = 30$
$10 \times 4 = 40$
$10 \times 5 = 50$
$10 \times 6 = 60$
$10 \times 7 = 70$
$10 \times 8 = 80$
$10 \times 9 = 90$
$10 \times 10 = 100$
$10 \times 11 = 110$
$10 \times 12 = 120$

Tabla del 11

$11 \times 1 = 11$
$11 \times 2 = 22$
$11 \times 3 = 33$
$11 \times 4 = 44$
$11 \times 5 = 55$
$11 \times 6 = 66$
$11 \times 7 = 77$
$11 \times 8 = 88$
$11 \times 9 = 99$
$11 \times 10 = 110$
$11 \times 11 = 121$
$11 \times 12 = 132$

Tabla del 12

$12 \times 1 = 12$
$12 \times 2 = 24$
$12 \times 3 = 36$
$12 \times 4 = 48$
$12 \times 5 = 60$
$12 \times 6 = 72$
$12 \times 7 = 84$
$12 \times 8 = 96$
$12 \times 9 = 108$
$12 \times 10 = 120$
$12 \times 11 = 132$
$12 \times 12 = 144$

Fracciones

El muro de las fracciones

Este muro muestra qué fracciones son equivalentes entre sí, escritas de forma diferente pero con el mismo valor. Por ejemplo, muestra que $\frac{1}{2}$, $\frac{2}{4}$ y $\frac{4}{8}$ son lo mismo.

| 1 entero |

| $\frac{1}{2}$ | $\frac{1}{2}$ |

| $\frac{1}{3}$ | $\frac{1}{3}$ | $\frac{1}{3}$ |

| $\frac{1}{4}$ | $\frac{1}{4}$ | $\frac{1}{4}$ | $\frac{1}{4}$ |

| $\frac{1}{5}$ | $\frac{1}{5}$ | $\frac{1}{5}$ | $\frac{1}{5}$ | $\frac{1}{5}$ |

| $\frac{1}{6}$ | $\frac{1}{6}$ | $\frac{1}{6}$ | $\frac{1}{6}$ | $\frac{1}{6}$ | $\frac{1}{6}$ |

| $\frac{1}{8}$ | $\frac{1}{8}$ | $\frac{1}{8}$ | $\frac{1}{8}$ | $\frac{1}{8}$ | $\frac{1}{8}$ | $\frac{1}{8}$ | $\frac{1}{8}$ |

| $\frac{1}{10}$ | $\frac{1}{10}$ | $\frac{1}{10}$ | $\frac{1}{10}$ | $\frac{1}{10}$ | $\frac{1}{10}$ | $\frac{1}{10}$ | $\frac{1}{10}$ | $\frac{1}{10}$ | $\frac{1}{10}$ |

| $\frac{1}{12}$ | $\frac{1}{12}$ | $\frac{1}{12}$ | $\frac{1}{12}$ | $\frac{1}{12}$ | $\frac{1}{12}$ | $\frac{1}{12}$ | $\frac{1}{12}$ | $\frac{1}{12}$ | $\frac{1}{12}$ | $\frac{1}{12}$ | $\frac{1}{12}$ |

Fracciones, decimales y porcentajes

Hay muchas maneras diferentes de expresar o escribir
la misma fracción. Esta tabla enumera algunas de las
fracciones más comunes en todas sus diferentes formas.

Parte de un todo	Parte de un grupo	Fracciones en palabras	Fracciones en números	Decimales	Porcentajes
		un décimo	$\frac{1}{10}$	0,1	10 %
		un octavo	$\frac{1}{8}$	0,125	12,5 %
		un quinto	$\frac{1}{5}$	0,2	20 %
		un cuarto	$\frac{1}{4}$	0,25	25 %
		tres décimos	$\frac{3}{10}$	0,3	30 %
		un tercio	$\frac{1}{3}$	0,33	33 %
		dos quintos	$\frac{2}{5}$	0,4	40 %
		una mitad	$\frac{1}{2}$	0,5	50 %
		tres quintos	$\frac{3}{5}$	0,6	60 %
		tres cuartos	$\frac{3}{4}$	0,75	75 %

Geometría

Formas 2D

Estos polígonos se llaman según el nombre griego correspondiente al número de lados y de ángulos que tiene cada uno de ellos.

3 ángulos y lados
Triángulo equilátero

3 ángulos y lados
Triángulo rectángulo

3 ángulos y lados
Triángulo isósceles

3 ángulos y lados
Triángulo escaleno

4 ángulos y lados
Cuadrado

4 ángulos y lados
Rectángulo

5 ángulos y lados
Pentágono

6 ángulos y lados
Hexágono

7 ángulos y lados
Heptágono

8 ángulos y lados
Octágono

9 ángulos y lados
Nonágono

10 ángulos y lados
Decágono

12 ángulos y lados
Dodecágono

20 ángulos y lados
Icodecágono

Formas 3D

Las figuras 3D pueden ser de cualquier forma o tamaño. Estas son algunas de las más comunes en matemáticas.

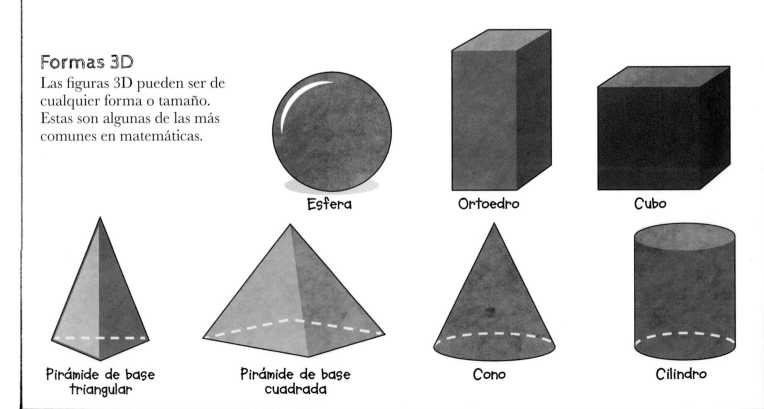

Esfera

Ortoedro

Cubo

Pirámide de base triangular

Pirámide de base cuadrada

Cono

Cilindro

Partes de un círculo

Un círculo tiene partes que ninguna otra figura tiene. Estas son algunas de las más importantes.

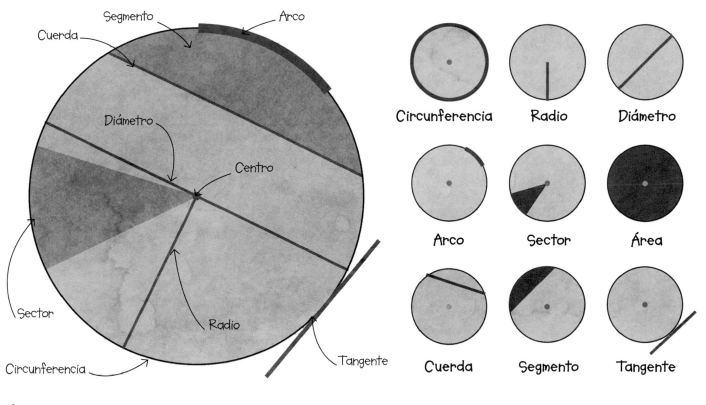

Ángulos

Los ángulos reciben distintos nombres según su tamaño. Hay cinco tipos de ángulo.

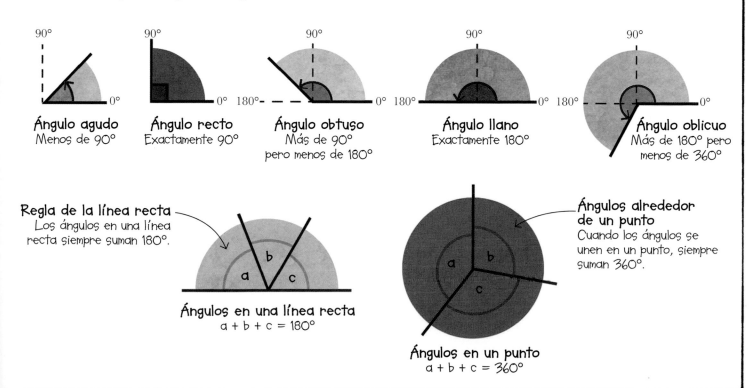

Ángulo agudo
Menos de 90°

Ángulo recto
Exactamente 90°

Ángulo obtuso
Más de 90°
pero menos de 180°

Ángulo llano
Exactamente 180°

Ángulo oblicuo
Más de 180° pero
menos de 360°

Regla de la línea recta
Los ángulos en una línea recta siempre suman 180°.

Ángulos en una línea recta
a + b + c = 180°

Ángulos alrededor de un punto
Cuando los ángulos se unen en un punto, siempre suman 360°.

Ángulos en un punto
a + b + c = 360°

Unidades de medida

Unidades de medida
El uso de unidades de medida estándar
nos ayuda a comparar cosas con precisión.
Hay dos sistemas comunes de medida:
el sistema métrico y el sistema imperial.

LONGITUD

Métrico

10 milímetros (mm)	=	1 centímetro (cm)
100 centímetros (cm)	=	1 metro (m)
1000 milímetros (mm)	=	1 metro (m)
1000 metros (m)	=	1 kilómetro (km)

Imperial

12 pulgadas (in)	=	1 pie (ft)
3 pies (ft)	=	1 yarda (yd)
1760 yardas (yd)	=	1 milla
5280 pies (ft)	=	1 milla
8 furlongs (octavos de milla)	=	1 milla

ÁREA

Métrico

100 milímetros cuadrados (mm²)	=	1 centímetro cuadrado (cm²)
10 000 centímetros cuadrados (cm²)	=	1 metro cuadrado (m²)
10 000 metros cuadrados (m²)	=	1 hectárea (ha)
100 hectáreas (ha)	=	1 kilómetro cuadrado (km²)
1 kilómetro cuadrado (km²)	=	1 000 000 metros cuadrados (m²)

Imperial

144 pulgadas cuadradas	=	1 pie cuadrado
9 pies cuadrados	=	1 yarda cuadrada
1296 pulgadas cuadradas	=	1 yarda cuadrada
43 560 pies cuadrados	=	1 acre
640 acres	=	1 milla cuadrada

MASA

Métrico

1000 miligramos (mg)	=	1 gramo (g)
1000 gramos (g)	=	1 kilogramo (kg)
1000 kilogramos (kg)	=	1 tonelada (t)

Imperial

16 onzas (oz)	=	1 libra (lb)
14 libras (lb)	=	1 stone (st) (6,35 kg)
112 libras (lb)	=	1 quintal (cwt)
20 quintales (cwt)	=	1 ton

TIEMPO

Métrico e Imperial

60 segundos	=	1 minuto
60 minutos	=	1 hora
24 horas	=	1 día
7 días	=	1 semana
52 semanas	=	1 año
1 año	=	12 meses

TEMPERATURA

		Celsius	Fahrenheit	Kelvin
Punto de ebullición del agua	=	100°	212°	373
Punto de congelación del agua	=	0°	32°	273
Cero absoluto	=	-273°	-459°	0

Celsius (°C)	-20°	-10°	0°	10°	20°	30°	40°	50°	60°	70°	80°	90°	100°
Fahrenheit (°F)	-4°	14°	32°	50°	68°	86°	104°	122°	140°	158°	176°	194°	212°
Kelvin	253	263	273	283	293	303	313	323	333	343	353	363	373

Tablas de conversión

Las siguientes tablas muestran los equivalentes métricos e imperiales para algunas medidas comunes.

LONGITUD

Métrico		Imperial
1 milímetro (mm)	=	0,03937 pulgadas (in)
1 centímetro (cm)	=	0,3937 pulgadas (in)
1 metro (m)	=	1,0936 yardas (yd)
1 kilómetro (km)	=	0,6214 millas

Imperial		Métrico
1 pulgadas (in)	=	2,54 centímetros (cm)
1 pie (ft)	=	0,3048 metros (m)
1 yarda (yd)	=	0,9144 metros (m)
1 milla	=	1,6093 kilómetros (km)
1 milla náutica	=	1,853 kilómetros (km)

ÁREA

Métrico		Imperial
1 centímetro cuadrado (cm²)	=	0,155 pulgadas cuadradas
1 metro cuadrado (m²)	=	1,196 yardas cuadradas
1 hectárea (ha)	=	2,4711 acres
1 kilómetro cuadrado (km²)	=	0,3861 millas cuadradas

Imperial		Métrico
1 pulgadas cuadrada	=	6,4516 centímetros cuadrados (cm²)
1 pie cuadrado	=	0,0929 metros cuadrados (m²)
1 yarda cuadrada	=	0,8361 metros cuadrados (m²)
1 acre	=	0,4047 hectáreas (ha)
1 milla cuadrada	=	2,59 kilómetros cuadrados (km²)

MASA

Métrico		Imperial
1 miligramo (mg)	=	0,0154 puntos
1 gramo (g)	=	0,0353 onza (oz)
1 kilogramo (kg)	=	2,2046 libras (lb)
1 tonelada (t)	=	0,9842 toneladas imperiales

Imperial		Métrico
1 onza (oz)	=	28,35 gramos (g)
1 libra (lb)	=	0,4536 kilogramos (kg)
1 stone (st)	=	6,3503 kilogramos (kg)
1 quintal (cwt)	=	50,802 kilogramos (kg)
1 tonelada imperial	=	1,016 toneladas (t)

Signos y símbolos

En matemáticas se usan muchos símbolos para representar diferentes operaciones o valores. Estos son algunos de los más comunes.

=	igual a
<	menor que
>	mayor que
≈	aproximadamente igual a
+	sumar, más
-	restar, menos
×	multiplicar por
÷	dividir por
√	raíz cuadrada
%	por ciento
π	pi
∞	infinito

Glosario

ÁLGEBRA
Uso de símbolos como letras para representar números desconocidos en los cálculos.

ÁNGULO
La cantidad de giro entre dos líneas que se unen en un vértice (esquina). Los ángulos se miden en grados.

ARCO
Línea curva que forma parte de la circunferencia de un círculo.

ÁREA
Cantidad de espacio dentro de una forma 2D. Medimos el área en unidades cuadradas, como metros cuadrados.

BIDIMENSIONAL (2D)
Que tiene largo y ancho o largo y alto, pero no espesor. Todos los polígonos, como los triángulos, son bidimensionales.

COCIENTE
Respuesta que obtienes cuando divides un número por otro.

COMA DECIMAL
La coma que separa un número entero de la parte fraccionaria, como en el número 4,5.

CONJUNTO
Colección de cosas que tienen algo en común, como palabras, números o formas.

CONJUNTO UNIVERSAL
El conjunto más grande, que incluye todos los datos y subconjuntos de una colección.

COORDENADAS
Una coordenada es un par de números que describen la posición de un punto en un gráfico, cuadrícula o mapa.

CUADRÍCULA
Líneas horizontales y verticales que se entrecruzan para formar una red de cuadrados de igual tamaño.

DATOS
Información o hechos que recopilamos para que puedan ser analizados.

DENOMINADOR
El número debajo de la línea en una fracción, como el 2 en $^1/_2$.

DÍGITO
Símbolo que usamos al escribir números. Los diez dígitos de nuestro sistema numérico son 0, 1, 2, 3, 4, 5, 6, 7, 8 y 9.

DÍGITOS SIGNIFICATIVOS
Dígitos de un número que más afectan su valor.

ECUACIÓN
Afirmación que dice que algo es igual a otra cosa. Por ejemplo $6 + 2 = 10 - 2$.

EJE X
Línea horizontal para medir la posición de los puntos en un mapa, cuadrícula o gráfico.

EJE Y
Línea vertical para medir la posición de los puntos en un mapa, cuadrícula o gráfico.

ELEVADO AL CUBO
El resultado de multiplicar dos veces un número por sí mismo. 27 es un número al cubo, porque $3 \times 3 \times 3 = 27$.

FACTOR
Número que se divide exactamente en otro número. Por ejemplo, 3 es factor de 9.

FAHRENHEIT
Escala de temperatura, llamada así por Gabriel Fahrenheit, que inventó el termómetro de mercurio en 1714.

FIBONACCI
Además de producir su ingeniosa sucesión de números, Leonardo Fibonacci fue el primer europeo en usar el sistema numérico hindú-árabe que aún usamos.

FÓRMULA
Regla que describe el vínculo entre las cosas, generalmente escrita con símbolos.

FRACCIÓN
Parte de un número entero o de una cantidad. La misma fracción se puede escribir de diferentes maneras, como $^1/_2$, 50 % o 0,5.

FRACCIÓN IMPROPIA
Una fracción, como $^5/_2$, que es mayor que 1. El numerador es mayor que el denominador.

FRACCIÓN NO UNITARIA
Fracción que tiene un numerador mayor que 1, como $^4/_5$.

FRACCIÓN PROPIA
Fracción en que el numerador es más pequeño que el denominador. $^2/_3$ es una fracción propia.

FRACCIÓN UNITARIA
Fracción en la que el numerador es 1, como $^1/_5$.

GEOMETRÍA
Campo de las matemáticas que estudia formas, líneas, ángulos, y espacios.

GIRAR
Moverse alrededor de un punto fijo, como las manecillas de un reloj.

GRADO
Medimos los ángulos en unidades llamadas grados, usando este símbolo: °.

GRÁFICO CIRCULAR
Diagrama que muestra datos como sectores de un círculo, que parecen porciones de una tarta.

HINDÚ-ÁRABE
Nombre de nuestro sistema numérico, que utiliza los dígitos del 0 al 9. Originalmente fue inventado por científicos indios hace más de 2000 años.

IMPERIAL, SISTEMA
Forma tradicional de medir, como pies y pulgadas, galones y pintas. Los científicos y los matemáticos ahora usan el sistema métrico en su lugar.

INTERSECCIÓN
Cuando las líneas se encuentran o las formas se cruzan entre sí, forman una intersección.

KELVIN
Escala de temperatura inventada por lord Kelvin, un científico británico que también explicó cómo se mueve el calor a través de las sustancias.

LÍNEA DE SIMETRÍA
Línea que puedes dibujar a través de una forma 2D que actúa como un espejo, dividiéndola en mitades idénticas.

LÍNEA NUMÉRICA
Línea marcada con números enteros, fracciones o decimales espaciados uniformemente. Las líneas numéricas se utilizan para contar y hacer cálculos.

MEDIA
Promedio que se obtiene al sumar todos los valores de un conjunto de datos y luego dividir el total por la cantidad de valores.

MEDIANA
Promedio que es el valor medio de un conjunto de datos, cuando los valores se ordenan de mayor a menor.

MÉTRICO, SISTEMA
Forma de medir cosas, como la longitud o el peso, que se basa en unidades de 10. ¡Esto hace que los cálculos sean mucho más fáciles!

MODA
Promedio que es el valor que aparece con mayor frecuencia en un conjunto de datos.

MÚLTIPLO
Número obtenido al multiplicar otros dos. 8 es múltiplo de 4, y también de 2.

MUSARAÑA
Pequeño mamífero parecido a un roedor con un hocico largo.

NUMERADOR
El número sobre la línea divisoria en una fracción, como el 1 en $^1/_2$.

NÚMERO CUADRADO
Resultado de multiplicar un número por sí mismo. 25 es un número cuadrado, porque 5 x 5 = 25.

NÚMERO ENTERO
Número que no es una fracción. 0,15 y 235 son todos números enteros.

NÚMERO MIXTO
Número formado por un número entero y una fracción, como 3 $^1/_2$.

NÚMERO NEGATIVO
Número menor que cero, como -2. Los números decimales también pueden ser negativos.

NÚMERO POSITIVO
Número mayor que cero, como 25. Las fracciones y los decimales también pueden ser positivos.

OPERACIÓN
Acción que puedes hacer en un número, como la suma, la resta, la división o la multiplicación.

PASCAL
El genio francés Blaise Pascal hizo grandes descubrimientos matemáticos y científicos. ¡En 1661 incluso lanzó el primer servicio de autobús del mundo!

PERÍMETRO
Distancia alrededor del borde de una forma.

PERPENDICULAR
Cuando una recta forma ángulo recto con otra, es perpendicular.

PITÁGORAS
Antiguo pensador griego. Además de idear el teorema de los triángulos, fue una de las primeras personas en descubrir que la Tierra es redonda.

PLANTILLA
Forma plana que se puede doblar para formar un objeto 3D.

PORCENTAJE
Tipo de fracción que usa el símbolo % para mostrar que es una fracción de 100. El porcentaje 30 % es lo mismo que $^{30}/_{100}$.

PROBABILIDAD
La medida de la posibilidad de que algo suceda.

PROMEDIO
Valor típico o medio de un grupo de números o conjunto de datos. Los tres tipos diferentes de promedio son la media, la mediana y la moda.

PROPORCIÓN
Modo de usar fracciones para comparar el tamaño de algo que forma parte de un todo, respecto al todo. El número 1 es $^1/_4$ del tamaño del número 4.

RADIO
Cualquier línea recta desde el centro de un círculo hasta su circunferencia.

RANGO
Dispersión de valores en un conjunto de datos, desde el más bajo hasta el más alto.

RATIO
Forma de comparar un número o cantidad con otro. Se escribe como dos números, separados por dos puntos (:).

REDONDEO
Cambiar un número por otro con un valor cercano para que sea más fácil trabajar con él. Por ejemplo, puedes redondear 2,1 a 2, o 1950 a 2000.

SECCIÓN TRANSVERSAL
Cuando cortas un prisma paralelo por uno de sus extremos, la nueva cara que creas se conoce como sección transversal.

SECUENCIA
Conjunto de números o formas que siguen una regla particular.

SERIE
Disposición de objetos o números en un patrón que tiene filas y columnas iguales.

SIMPLIFICAR
Poner algo, como una fracción, en su forma más simple para que sea más fácil trabajar. Por ejemplo, puedes simplificar $^6/_9$ a $^2/_3$.

SISTEMA DE VALOR POSICIONAL
Nuestra forma de escribir números, donde el valor de cada dígito depende de su lugar en un número. El 3 en 130 tiene un valor de treinta, pero en 310, su valor es trescientos.

SISTEMA DECIMAL
El sistema numérico que utilizamos, basado en el número 10, y que utiliza los dígitos 0, 1, 2, 3, 4, 5, 6, 7, 8 y 9.

SUBCONJUNTO
Conjunto que forma parte de un conjunto más grande.

TRANSFORMACIÓN
Cambiar el tamaño o la posición de una forma u objeto. Los tres tipos de transformación son reflexión, rotación y traslación.

TRANSPORTADOR
Herramienta que nos ayuda a dibujar o medir ángulos.

TRIDIMENSIONAL (3D)
Tener largo, ancho y profundidad. Todos los objetos sólidos, como esferas o cubos, son tridimensionales.

UNIDAD
Tamaño estándar que usamos para medir cosas. Un metro es una unidad de longitud y un gramo es una unidad de masa.

VALOR
La cantidad o el tamaño de un número u objeto.

VARIABLE
Número o cantidad desconocida. En álgebra, una variable se muestra como una letra o un símbolo.

VÉRTICE
Una esquina en ángulo de una forma 2D o 3D.

VOLUMEN
Tamaño tridimensional de un objeto. Se mide en unidades cúbicas, como metros cúbicos (m^3).

Índice

Soluciones

p. 53
¾ del tinte de la piscina es rojo.

p. 58
Los 5 términos siguientes en las camisetas de los mamuts son 12, 14, 16, 18 y 20.

El término siguiente en la secuencia de camisetas de las musarañas es 2 (la regla es «resta 3 para encontrar el término siguiente»).

p. 63
Habrá 25 cuadrados azules cuando el mamut termine de estampar 5^2.

p. 69

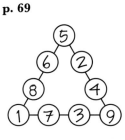

24	18	32	3	11	23
2	25	4	27	22	31
34	9	1	10	36	21
6	26	30	28	5	16
33	14	29	8	20	7
12	19	15	35	17	13

p. 70
Todos los totales de las filas horizontales son potencias de 2: $1 \times 2 = 2$, $2 \times 2 = 4$, $2 \times 4 = 8$, $2 \times 16 = 32$, $2 \times 32 = 64$.

p. 91

p. 109
Hay 34 formas irregulares en el modelo de mamut.

p. 110
Hay 11 desarrollos de cubo:

p. 142
La probabilidad de que la musaraña púrpura caiga en una casilla que no tenga escalera ni tobogán es de ³/₆, que es lo mismo que ¹/₂.